水产品捕后供应链的保活与锁鲜

SHUICHANPIN BUHOU GONGYINGLIAN DE
BAOHUO YU SUOXIAN

徐昙烨／著

中国纺织出版社有限公司

图书在版编目（CIP）数据

水产品捕后供应链的保活与锁鲜 / 徐昙烨著. -- 北京：中国纺织出版社有限公司，2024. 8
ISBN 978-7-5229-1609-5

Ⅰ. ①水… Ⅱ. ①徐… Ⅲ. ①水产品－供应链管理－研究 Ⅳ. ①F252. 8

中国国家版本馆 CIP 数据核字（2024）第 071670 号

责任编辑：罗晓莉　国　帅　　责任校对：寇晨晨
责任印制：王艳丽

中国纺织出版社有限公司出版发行
地址：北京市朝阳区百子湾东里 A407 号楼　邮政编码：100124
销售电话：010—67004422　传真：010—87155801
http://www. c-textilep. com
中国纺织出版社天猫旗舰店
官方微博 http://weibo. com/2119887771
三河市宏盛印务有限公司印刷　各地新华书店经销
2024 年 8 月第 1 版第 1 次印刷
开本：710×1000　1/16　印张：9. 75
字数：162 千字　定价：98. 00 元

前　言

鱼贝类一直是人类生活中优质水产蛋白的主要来源。中国渔业资源丰富，是世界上最大的水产品生产国、消费国、进出口国之一。随着生活水平的提高和全球化的加剧，人们对海产品位、饮食健康都有更高的追求，也引发了世界性的对高端水产品的强劲需求。水产品自捕捞离水那一刻鲜度品质就开始下降，为保证终端产品的风味品质，水产品捕后流通过程中的保活与锁鲜显得尤为重要。

本书由大连海洋大学徐昙烨老师编写，笔者一直致力于水产品保活保鲜与品质调控等相关领域的研究，结合多年的科研教学与实地调研，针对本地优势海水养殖鱼贝类品种展开系列研究。本书共分六章，分别介绍了水产品风味品质的变化规律、评价体系以及调控机制，品质易逝期的探索及意义，最后对贝类和鱼类的研究实例进行汇总介绍。本书可供从事水产生产、加工和检验的科研人员阅读参考，也可作为大专院校食品科学与工程、水产品贮藏及加工等专业的参考书目。

本书是在大连海洋大学刘俊荣教授的大力支持与鼓励下编撰完成的，刘老师对相关研究给予了精心指导与宝贵建议，亦对本书的完成寄予厚望。另致谢研究生杨婷婷、刘慧慧、郑尧、周晏琳、李亚烜、王选飞、衣鸿莉、赵前、周进、刘悦朋、朱丹妮、李国道等的研究工作。

由于笔者水平有限，书中难免存在疏漏和不当之处，敬请广大读者批评，指正。

著者

2024 年 1 月

前　言

目　录

第一章　水产品风味品质变化规律

风味是评价水产品品质重要的指标之一，涉及嗅觉和味觉两方面。一般来说，刺激嗅觉的主要是气味成分，刺激味觉的主要是呈味成分。良好的风味不是单一物质作用的结果，而是多种不同组分的共同作用。

第一节　气味物质

气味物质的存在对水产品风味品质至关重要。已有大量文献针对挥发性气味物质进行了研究。水产品气味物质主要包括醛类、醇类、酮类、酯类、烃类、硫类、胺类等化合物。这些风味化合物在不同种类水产品中存在构成比例上的差异，使不同品种产生了不同的风味。几种鱼贝类的气味物质见表 1-1。通常而言：醛类物质以青草味、花香味等愉悦性气味为主，少部分醛类物质表现出鱼腥味、苦杏仁味等气味；含硫类物质以臭鸡蛋味、硫磺味和哈喇味等非愉悦性气味为主；烃类物质虽具有清香、甜香等气味，但它们的阈值较高，对整体风味贡献较小。

表 1-1　鱼贝类的气味物质

种类	化合物名称	气味特征描述	来源	参考文献
醛类	2，4-庚二烯醛	青草味、脂肪味、花香味、清香味、坚果香、奶油香、甜味、蜂蜜样香气、酒香、苦杏仁味等	香港牡蛎（*Crassostrea hongkongensis*）；华贵栉孔扇贝（*Chlamys nobilis*）；太平洋牡蛎（*Crassostrea gigas*）；香鱼（*Plecoglossus altivelis*）	［1-5］
	庚醛			
	己醛			
	壬醛			
	2-辛烯醛			
	2-丁烯醛			
	癸醛			
	4-乙基-苯甲醛			
	间苯二甲醛			
	2-癸烯醛			

续表

种类	化合物名称	气味特征描述	来源	参考文献
醛类	十一醛	青草味、脂肪味、花香味、清香味、坚果香、奶油香、甜味、蜂蜜样香气、酒香、苦杏仁味等	香港牡蛎（*Crassostrea hongkongensis*）；华贵栉孔扇贝（*Chlamys nobilis*）；太平洋牡蛎（*Crassostrea gigas*）；香鱼（*Plecoglossus altivelis*）	[1-5]
	十四醛			
	2，4-癸二烯醛			
	肉豆蔻醛			
	顺-9，17-十八烯醛			
	D-丁香醛			
	反-2，顺-4-庚二烯醛			
	反-2-壬烯醛			
	反，顺-2，6-壬二烯醛			
	反-4-癸烯醛			
醇类	1-戊烯-3-醇	酒香、蘑菇香、泥土味、青菜香等	香港牡蛎（*Crassostrea hongkongensis*）；虾夷扇贝（*Patinopecten yessoensis*）；大黄鱼（*Larimichthys crocea*）	[2，6-8]
	1-戊醇			
	2-戊烯-1-醇			
	1-己醇			
	1-庚醇			
	1-辛烯-3-醇			
	3-辛醇			
	2-（2-乙氧基乙氧基）-乙醇			
	2-乙基-1-己醇			
	4-乙基-环己醇			
	3，3-二甲基-4-庚醇			
	2-辛烯-1-醇			
	3-壬烯-1-醇			
	异戊醇			
	乙醇			
	1-壬醇			
	4-壬醇			
	4-庚醇			
	1，5-辛二烯-3-醇			

续表

种类	化合物名称	气味特征描述	来源	参考文献
酮类	3-戊酮	蘑菇香、水果香等	香港牡蛎（*Crassostrea hongkongensis*）；华贵栉孔扇贝（*Chlamys nobilis*）；太平洋牡蛎（*Crassostrea gigas*）；鲐鱼（*Pneumatophorus japonicus*）	[1，2，9-11]
	2，3-辛二酮			
	3-辛酮			
	5-甲基-5-庚烯-3-酮			
	3，5-辛二烯-2-酮			
	3-壬酮			
	2-十一烷酮			
	3-十一烯-2-酮			
	1-（3，4-二甲基苯基）-乙酮			
	2-壬酮			
	甲基壬基甲酮			
	3，5-辛二烯-2-酮			
	1，5-庚二烯-4-酮			
	香叶基丙酮			
酯类	苯甲酰基异硫氰酸酯	果香	太平洋牡蛎（*Crassostrea gigas*）华贵栉孔扇贝（*Chlamys nobilis*）；大黄鱼（*Larimichthys crocea*）	[1，8，9，12]
	丙酸戊酯			
	环己基草酸丁酯			
	环己基丙酸甲酯			
	环丁基羧酸-2-二甲基乙酯			
	戊酸-5-羟基-2，4-二叔丁酯			
	邻苯二甲酸环丁基乙酯			
	丙酸-2-甲基-1-（1，1-二甲基）-2甲基-1，3-丙二酯			
	乙酸乙酯			
	2-三氟甲基苯甲酸-6-乙基-3-辛酯			
	氨基甲酸甲酯			
	邻苯二甲酸二乙酯			
	邻苯二甲酸二异丁酯			
	己二酸二辛酯			
	邻苯二甲酸二丁酯			

续表

种类	化合物名称	气味特征描述	来源	参考文献
烃类	（1-亚丁基）环己烷	多数烃类物质具有清香和甜香味	香港牡蛎（*Crassostrea hongkongensis*）；鲐鱼（*Pneumatophorus japonicus*）	[2，9，11]
	1-十二碳烯-3-炔			
	1，3，5-辛三烯			
	4，4-二甲基-1-庚烯			
	十二烷			
	十四烷			
	2，6，10-三甲基-十五烷			
	2，6，10，14-四甲基-十五烷			
	2，6，10，14-四甲基-十六烷			
	2，6，10，15-四甲基-十七烷			
	十七烷			
	二十一烷			
	萘			
	2-乙基-呋喃			
	1，3-二乙酰基苯			
	二十三烷			
	十六烷			
	甲基磺酸酐			
	四硝基甲烷			
胺类	三甲胺	鱼油臭味或腥臭味	华贵栉孔扇贝（*Chlamys nobilis*）	[1，13]
	二甲胺			
硫类	二甲基二硫醚、二甲基三硫醚	蟹香味、洋葱味、卷心菜味、煮沸的硫黄味或臭鸡蛋味	虾夷扇贝（*Patinopecten yessoensis*）	[14]

水产品从海上养殖到销售终端的过程中，由于外界环境变化、微生物作用及自身生理状况的改变，导致体内相关呈味物质发生改变，从而引起风味发生改变，产生或好或坏的气味。另外，加工烹饪方式繁多，不同的加工温度和方法也

会改变水产品的风味物质。通过研究不同贝类在不同温度条件下冻藏，人们发现不同的冻藏条件影响其挥发性盐基氮和氨基态氮的含量变化，而不同贝类中同一种物质的变化趋势也不尽相同[15]。冰鲜牡蛎中的挥发成分主要是己醛、1-辛烯-3-醇、3-辛酮等，且解冻时间不同，挥发性物质也发生变化。随着解冻时间的延长，醛酮类相对含量逐渐减少，胺类相对含量逐渐增加[16]。对活体牡蛎在流通过程中进行研究对比发现，酮类化合物在流通过程中波动下降，而醛类物质逐渐累积，含量增加，风味降低，当对其进行 24h 暂养后，具有愉悦风味的化合物含量得到了提高[9]。生鲜水产品经过热加工后，风味物质有极大的变化。例如，热加工温度对牡蛎挥发性风味成分有不同的影响，经过 100℃加热后，叶青香的醛类物质大量减少，而腥味的醛类相对含量变化不大，苦杏仁气味的苯甲醛相对含量有所增加，呋喃类物质在加热后大量产生，酮类物质的相对含量变化不大，但腥味的 3，5-辛二烯-2-酮相对含量有所减少；当温度加热到 150℃时，焦糖味的物质开始大量增加[17]。生鲜状态下腥味物质含量较高，如 1-戊烯-3-醇、2，4-反式-庚二烯醛和庚烯；而经过热加工熟制的腥味物质含量与种类均有所减少，同时油脂味和肉香味的物质含量增加，如 3-甲基环乙醇、反式-2-辛烯-1-醇，以及具有烤肉香气的 2-乙基呋喃等物质[18]。有研究表明，热处理能降低腥味物质的含量并改变挥发性物质的化学组成。其中，烤制处理能增加鱼肉的奶油香味和产生清香味物质柠檬烯，赋予鱼肉特殊的香气[19]。另有研究表明，鲐鱼红肉中含有的 1-戊烯 -3-醇（5.21%）、1-辛烯-3-醇（3.38%）可能是生鲐鱼腥味物质的主要来源，且加热后未检测到[11]。

第二节　呈味物质

水产品中呈味物质按照是否含氮，可以分为含氮化合物和不含氮化合物，这些化合物大多与滋味有关。

一、含氮化合物

鱼贝类的含氮化合物一般包括游离氨基酸、低分子呈味肽、核苷酸类、甜菜碱、冠瘿碱、氧化三甲胺等，这些物质对于水产品风味起到了重要作用[20]。不同的物质体现出水产品不同的滋味，这些物质相互协同使每种水产品都具有独特的风味。

（一）游离氨基酸

游离氨基酸是海产品鲜味的主要来源，体现出水产品甜味、鲜味和苦味等复杂的滋味。例如，谷氨酸（Glu）的钠盐具有鲜味，精氨酸（Arg）可以提高鲜度，丙氨酸（Ala）作为甜味氨基酸带有略微的苦味，蛋氨酸（Met）缬氨酸（Val）是海胆独特的呈味物质等[21]。除小环亚胺氨基酸外，D-氨基酸大多具有甜味。L-氨基酸的味道与侧链的结构息息相关，侧链为酸性时则呈现酸味感，如Glu、Asp；当侧链短小时，氨基酸具有甜味感，如Ser、Thr、Gly、Ala、Cys、Met；当侧链为长链或大链时，氨基酸有苦味，如Leu、Val、Phe、Ile、Trp、Tyr；当侧链为碱性时呈现出苦中略甜的味感，如Lys、His、Arg[20]。贝类中含有大约20种氨基酸[22]，在活体贝类中，一些氨基酸还起着调节渗透压的作用[23]。张苏平等[24]测定了青蛤、缢蛏、文蛤和牡蛎中的氨基酸含量，其中以牛磺酸（Tau）、谷氨酸（Glu）、丙氨酸（Ala）、精氨酸（Arg）为主。研究发现，当牡蛎在不同的温度下杀菌净化时，体内的总游离氨基酸（FAA）含量发生了明显的变化，同时核苷酸、脂肪酸以及糖原含量均有着不同程度的变化[25]。鱼类的游离氨基酸的含量明显低于贝类，但某些游离氨基酸能够以足够高的浓度存在于鱼的肌肉中，独立于其他成分对鱼的风味起作用[26]。

（二）低分子呈味肽

呈味肽是一种分子量在500~1500、可通过氨基酸合成或者酶水解产生的低聚肽[27]，具有呈味功能和加工特性，可以提高水产品的风味，同时可用来加工成各种调味品。目前已知的呈味肽主要分为咸味肽、甜味肽、苦味肽、鲜味肽和酸味肽五类，呈味肽的风味不同是由于其组成氨基酸的种类与排列顺序的差异[28]，五种呈味肽见表1-2。除此之外，有研究表明谷胱甘肽可以引起滋味的厚重感（kokumi）[29,30]。呈味肽是水产品特征性滋味中不可或缺的成分，当人为筛选去除河鲀鱼中的呈味肽之后，会导致河鲀鱼的鲜味和浓厚感显著降低[31]。有学者采用酶法提取从鲍鱼脏器中制备了呈味肽及呈味氨基酸[32,33]。对呈味肽的感知主要是由于呈味受体与呈味物质的结合，目前已知的鲜味受体包括mGluR4、mGluR1和T1R1/T1R3，T1R1/T1R3对鲜味具有更高亲和力，是主要鲜味受体[34]。

表 1-2　五种呈味肽

呈味肽种类	化合物	作用
甜味肽	阿斯巴甜、阿力甜、纽甜	甜度高、热量低、易被人体吸收，是蔗糖的替代品
苦味肽	Gly - Leu、Phe - Leu、Leu - Lys、Arg-Leu	低浓度时可改善感官品质，同时具有降血压、降胆固醇等作用
酸味肽	Glu-γ-Gly、Glu-γ-Ala、Glu-γ-Glu	与鲜味肽密切相关，被看作是鲜味肽的一部分
咸味肽	Orn-Tau · HCl、Lys-Tau · HCl、Orn-Gly · HCl、Lys-Gly · HCl	可提替代食用盐，减少钠盐摄入
鲜味肽	Gly - Asp、Ala - Glu、Gly - Asp - Gly、Asp-Leu	增强风味特征

（三）核苷酸类物质

核苷酸及其衍生物是细胞中最为丰富的代谢物，对于提供细胞能量和细胞内信号传导起着重要作用。一般认为其 ATP 的代谢分解途径如下：ATP→ADP→AMP→IMP→HxR→Hx[35]。除以上途径，贝类组织中还有一种 ATP 降解途径：ATP→ADP→AMP→AdR→HxR→Hx[36]。不同贝类品种在核苷酸分解途径上存在差异，马氏珠母贝（*Pinctada martensi*）以上两种途径均存在，虾夷扇贝中的降解途径仅为 AdR 生成途径[36]。IMP 被认为是鲜味的主要成分，也可通过与游离氨基酸的协同作用提升海产品的滋味，当 IMP 的浓度下降时，水产品风味也会下降[37]。研究表明长牡蛎中 IMP 含量较高，中国蛤蜊和缢蛏中 AMP 含量较高，这也是贝类具有较高鲜味的原因[38,39]。此外，鲜味氨基酸（Asp 和 Glu）、甜味氨基酸（Ser、Gly 和 Ala）与核苷酸之间的协同效应使水产品呈现强烈的鲜味，如采用味精当量值（EUC）来评价河豚鱼的鲜味协同效应，结果表明暗纹东方鲀（*Takifugu obscurus*）具有更突出的鲜味[31]。

（四）甜菜碱

甜菜碱（betaine）广泛分布在海洋无脊椎动物中，可以有效维持水产动物的细胞渗透压，对水产品的甜味有贡献[15,41]。甜菜碱包括 β-丙氨酸甜菜碱（β-alanine betaine)、γ-丁酸甜菜碱(γ-butyrobetaine)、肉毒碱(carnitine)、江珧碱(atrinine)、石勃足碱(halocynine)、龙虾肌碱(homarine)、葫芦巴碱(trigonelline)、水苏碱(stachydrine)等[42]。研究发现水产品中甜菜碱含量越高,甜味越明显。有学者研究指出三疣梭子蟹肌肉中甜菜碱的含量远高于其他常见水产品[43]。

(五)冠瘿碱

冠瘿碱(opines)是无脊椎动物体内通过一种特定的 opine 脱氢酶(OpDHs)产生的物质,它是一组厌氧终产物的总称,在海洋软体动物中广泛存在。常见的包括章鱼碱(octopine)、丙氨奥品(alanopine)、甘氨奥品(strompine)、牛磺奥品(tauropine)及β-丙氨奥品(β-alanopine)等[41]。当海洋无脊椎动物处于缺氧状态时,通过 OpDHs 相关途径可调节缺氧条件下糖酵解胞质内氧化还原平衡,以应对缺氧条件下的能量代谢,这与脊椎动物在糖酵解过程中由乳酸脱氢酶介导生成乳酸相类似。如缺氧牡蛎心脏中有 30%的葡萄糖分解代谢生成丙氨奥品和甘氨奥品[44]。除了牡蛎之外,不同贝类中冠瘿碱化合物的种类不尽相同,扇贝中含有 D-丙氨奥品,而贻贝中含有 D-丙氨奥品和 meso-丙氨奥品[45],鲍鱼肌肉中检测到丙氨奥品、赖氨奥品、甘氨奥品和牛磺奥品[46],这些差异可能是造成不同贝类风味差异的来源。

(六)氧化三甲胺

氧化三甲胺(TMAO)一般存在于海洋动物中,头足类、甲壳类含量较高,贝类含量较低[47]。当其达到一定含量时,可作为鱼贝类的呈味物质,为鱼贝类提供甜味,但由于其具有不稳定性,在贮存过程中易被还原成三甲胺(TMA),TMA 是水产品腐败后产生氨臭味的主要原因[21,48]。TMAO 在两种情况下易发生改变,一是热分解和还原性物质降解,生成二甲胺与甲醛[49];二是在微生物作用下,通过氧化三甲胺还原酶的还原作用,最终变成三甲胺[50]。由于二甲胺和三甲胺具有腐败味,因此可用来辨别水产品的新鲜程度[51]。值得注意的是,仅凭 TMA 或 TMAO 无法准确判断水产品的新鲜度,可以用 TMA/TMAO 含量的比值作为新鲜度指标,该比值随着贮藏时间的增加逐渐上升,水产品新鲜度逐渐降低[52]。

(七)尿素

在鱼类死后,其体内的尿素会在细菌的脲酶作用下分解生成氨,随着时间的流逝，氨的含量会在鱼体中不断增加，大量的氨使鱼体带有强烈的氨臭味，影响鱼的口感与风味。另外，在海产的板鳃鱼类体中，尿素会与氧化三甲胺（TMAO）共同起到调节体内渗透压的作用[53]。

二、不含氮化合物

（一）有机酸

有机酸被认为是水产品的呈味物质之一[54]。琥珀酸及其钠盐是文蛤的主要呈味成分和特征鲜味成分，即使在含量很少时其作用也很明显，在贝类水产品中含量甚多[55,56]。蛤仔中含有反丁烯二酸、琥珀酸、苹果酸以及乳酸 4 种有机酸[57]，牡蛎中含有丁二酸，其含量的减少会导致牡蛎肉美味度降低[25]。有机酸随着时间的推移变化趋势各不相同。有学者在研究蛤仔有机酸时指出，每 100g 肉中丁烯二酸在 1~6mg 的范围内增减，乳酸始终保持在 2~3mg，苹果酸也在 10h 后显示出减少的趋势，与此相反的是琥珀酸含量逐渐增加，甚至达到最初水平的 3 倍[58]。pH 是肉类品质变化的重要评价指标，由于糖原发酵产生乳酸，ATP 降解，因此 pH 降低[54]。牡蛎在解冻过程中如果时间较长，由于微生物分解以及酶分解的作用，其 pH 发生明显变化，因此测量 pH 可以作为检测牡蛎品质变化的快捷手段[57]。鱼贝类肌肉中已检测出醋酸、丙酸、丙酮酸、草酸、富马酸、苹果酸、琥珀酸、乳酸、柠檬酸等各种有机酸，其中乳酸是较敏捷的鱼如金枪鱼和鲣鱼中主要的酸，可以提高缓冲能力，也可以增强呈味[59]。

（二）糖类

存在于鱼贝类肌肉中的是游离糖、磷酸糖和多糖类。游离糖主要是葡萄糖和核糖，由糖原分解而成，呈甜味，经烹饪加热生成特殊香味，这与氨基酸中氨基和羧基的反应（美拉德反应）有关[7]。由于美拉德反应，在烹饪加热鱼肉的时候，鱼体内的糖类会发生反应，产生特殊的风味，有研究发现，糖磷脂能促成某些鱼类的特殊味道，如鳕鱼的“甜咸味”。另外，研究发现，加入适当的氨基酸可以抑制游离氨基酸的褐变和交联，降低糖含量，从而减少苦味产生，提高鱼肉甜味和鲜味[60]。贝类以糖原作为主要能量储藏，而鱼类的能量储藏物质还包括脂质，因此贝类的糖原含量要高于鱼类[20]。牡蛎肉质鲜美源于糖类含量高，占其湿重的 4.02%，干重的 20.11%[61]，牡蛎中的糖类结构一般为葡萄糖[62]，文蛤（*Meretrix meretrix*）中的糖为葡萄糖和甘露糖[56]。研究发现贝类多糖的中性糖和硫酸多糖的含量差异较大，如等边浅蛤（*Gomphina aequilatera*）、脉红螺（*Rapana venos*）的中性糖含量高，而菲律宾蛤仔（*Ruditapes phliippinarum*）、厚壳贻贝（*Mytilus coruscus*）以及水泡蛾螺（*Buccinum pemphigum*）中的硫酸多糖含量比较高[63]。

（三）脂类

在水产动物生命代谢过程中，脂类有着重要的生理功能，可以维持细胞结构、正常生理功能。另外，脂类在营养代谢中也起着重要的作用。海水贝类的脂肪营养性高于淡水贝类[64]。牡蛎中含有丰富的多不饱和脂肪酸，尤其是 DHA 和 EPA，约为牡蛎总脂肪酸的 1/4[65]。脂质的降解和氧化可以形成大量的挥发性风味物质，在各种酶的作用下，生成挥发性的羰基化合物、醇、烷烃等氧化产物，赋予鱼肉不同的风味[66]。在贮藏过程中，脂类容易发生氧化酸败，产生臭味、酸味和涩味等不愉快气味，从而降低鱼贝类品质[67]。

（四）无机盐

无机盐不仅是人类必需的营养元素，也是动植物生命活动必需的要素，无机盐作为水产品的呈味物质，对水产品的风味口感也发挥了重要作用[43]。无机盐中的 Na^+、K^+等阳离子及 Cl^-、PO_4^{3-} 等阴离子已被确定为鱼贝类风味的重要因素，这些无机物的存在能够使有机物质的呈味得到充分发挥[56, 68]。这些元素除了单独提供了呈味作用外，还具有协同累积的趋势[69]。水产品中无机盐含量受到产地和品种的影响较大[70]。

参考文献

[1] 祝亚辉，曹文红，刘忠嘉，等．热加工处理对华贵栉孔扇贝柱特征风味形成的影响［J］．食品科学，2017，38（20）：131-138.

[2] 王晓谦，秦小明，郑惠娜，等．基于 HS-SPME-GC-MS 法的超高压处理牡蛎肉中挥发性成分分析［J］．食品与发酵工业，2015，41（5）：160-166.

[3] Josephson B D，Lindsay C R，Stuiber A D. Volatile Compounds Characterizing the Aroma of Fresh Atlantic and Pacific Oysters［J］. J Food Sci，1985，50（1）：5-9.

[4] 贡慧，杨震，刘梦，等．秋刀鱼热加工后挥发性风味成分变化的分析［J］．肉类研究，

2017，31（1）：25-31.

[5] Hirano T，Zhang C H，Morishita A，et al. Identification of Volatile Compounds in Ayu fish and its Feeds [J]. Jap Fish Sci Sco，1992，58（3）：547-557.

[6] Morita K，Kubota K，Aishima T. Investigating sensory characteristics and volatile components in boiled scallop aroma using chemometric techniques [J]. Food Chem，2002，78（1）：39-45.

[7] 袁林，查锋超，姚烨，等．牡蛎酶解产物与还原糖美拉德反应工艺优化及挥发性风味物质分析 [J]．食品科学，2015，36（24）：1-9.

[8] Zhao T，Benjakul S，Sanmartin C，et al. Changes of Volatile Flavor Compounds in Large Yellow Croaker（Larimichthys crocea）during Storage，as Evaluated by Headspace Gas Chromatography - Ion Mobility Spectrometry and Principal Component Analysis [J]. Foods，2021，10：2917.

[9] 林恒宗，梁志源，秦小明，等．基于 GC-MS 鉴别活体太平洋牡蛎不同流通阶段气味特征变化 [J]．食品科学，2023，44（2）：279-287.

[10] Houcke V J，Medina I，Linssen J，et al. Biochemical and volatile organic compound profile of European flat oyster（Ostrea edulis）and Pacific cupped oyster（Crassostrea gigas）cultivated in the Eastern Scheldt and Lake Grevelingen，the Netherlands [J]. Food Control，2016，68：200-207.

[11] 郑平安，黄健，孙静，等．HS-SPME 结合 GC-MS 法分析鲐鱼肉加热前后挥发性成分变化 [J]．食品科学，2012，33（14）：242-246.

[12] 刘文，张悦容，张腾军，等．牡蛎体液风味物质的 GC-MS 分析 [J]．核农学报，2013（1）：81-87.

[13] 崔明仙，李妍，付晴晴，等．三种扇贝挥发性风味物质指纹图谱分析 [J]．海洋与湖沼，2022，53（3）：743-758.

[14] 傅润泽，沈建，王锡昌．底播虾夷扇贝活品流通前后挥发性成分的对比分析 [J]．食品科学，2015，36（2）：110-113.

[15] 苏键．广西北部湾主要贝类食用品质及其冻藏变化的研究 [D]．南宁：广西大学，2011.

[16] 沈丽，张丽君，许柏球．不同解冻时间对冰鲜牡蛎挥发性风味物质的影响 [J]．肉类研究，2012，26（3）：5-8.

[17] 黄健，王霞，侯云丹，等．加热温度对牡蛎挥发性风味成分的影响 [J]．核农学报，2012，26（2）：311-317.

[18] 贡慧，杨震，刘梦，等．秋刀鱼热加工后挥发性风味成分变化的分析 [J]．肉类研究，2017，31（1）：25-31.

[19] 翟笑倩，林蠡，陈碧翰，等．不同热处理对脆化罗非鱼肉挥发性成分的影响 [J]．仲恺农业工程学院学报，2022，35（4）：10-18.

[20] 杨文鸽，徐大伦，孙翠玲，等．缢蛏冰藏保活期间呈味物质的变化［J］．中国食品学报，2009，9（3）：181-186.

[21] 邓捷春，王锡昌，刘源．鱼肉风味研究进展［J］．食品工业科技，2010，31（6）：375-378，383.

[22] 李明德．渤海6种贝类的氨基酸及重金属含量［J］．河北渔业，1995（1）：8-10.

[23] Chenglong Ji，Huifeng Wu，Lei Wei，et al. Proteomic and metabolomic analysis reveal gender-specific responses of mussel Mytilus galloprovincialis to 2，2′，4，4′-tetrabromodiphenyl ether（BDE 47）［J］. Aquat. Toxicol，2013：449-457.

[24] 张苏平，邱伟强，卢祺，等．全自动氨基酸分析仪法测定4种贝类肌肉中谷胱甘肽和游离氨基酸含量［J］．食品科学，2017，38（4）：170-176.

[25] Cong Xiaohan，Wang Qi，Sun Cheng，et al. Temperature effects on the nutritional quality in Pacific oysters（*Crassostrea gigas*）during ultraviolet depuration［J］. J. Sci. Food Agric，2021，102（4）：1651-1659.

[26] F shahidi. 肉制品与水产品的风味［M］．李洁，朱国斌，译．北京：中国轻工业出版社，2001.

[27] Fadda S，Lopez C，Vignolo G. Role of lactic acid bacteria during meat conditioning and fermentation：Peptides generated as sensorial and hygienic biomarkers［J］. Meat Sci，2010，86（1）：66-79.

[28] 张波．呈味肽研究技术进展［J］．现代食品，2020（4）：61-63.

[29] Dunkel A，Koester J，Hofmann T. Molecular and sensory characterization of gamma-glutamyl peptides as key contributors to the Kokumi taste of edible beans（*Phaseolus vulgaris* L.）［J］. J Agric Food Chem，2007，55（16）：6712-6719.

[30] Yoichi Ueda，Makoto Sakaguchi，Kazuo Hirayama，et al. Characteristic Flavor Constituents in Water Extract of Garlic［J］. Agric Biol Chem，1990，54（1）：163-169.

[31] 张宁龙．养殖河鲀鱼特征性滋味组分及呈味肽的研究［D］．上海：上海海洋大学，2019.

[32] 王莅莎，朱蓓薇，周大勇，等．鲍鱼脏器多糖的抗氧化活性研究［J］．食品与机械，2008，24（4）：65-68.

[33] 乔路，佟伟刚，周大勇，等．酶法制备鲍鱼脏器呈味肽及呈味氨基酸［J］．大连工业大学学报，2011，30（3）：168-172.

[34] 谢晓霞．文蛤与蓝蛤鲜味肽的呈味特性及其与鲜味受体T1R1/T1R3的分子作用研究［D］．锦州：渤海大学，2019.

[35] 姚志勇，万金庆，庞文燕，等．真空冷诱导对冰温贮藏罗非鱼片鲜度和滋味的影响［J］．现代食品科技，2014，30（2）：198-203.

[36] 王丹妮，邱伟强，陈舜胜，等．冷藏条件下缢蛏、文蛤ATP关联产物的变化及降解途径

的探究［J］. 食品与发酵工业，2016，42（9）：228-233.
［37］吴永俊，王玉涛，施文正，等 . 不同产地虹鳟鱼肉风味物质的比较［J］. 上海海洋大学学报，2017，26（6）：888-899.
［38］杨文鸽，徐大伦，孙翠玲，等 . 缢蛏冰藏保活期间呈味物质的变化［J］. 中国食品学报，2009，9（3）：181-186.
［39］刘云，宫向红，徐英江，等 . 烟台近海 3 种贝类中呈味核苷酸和氨基酸的测定及比较分析［J］. 中国水产科学，2014，21（2）：351-360.
［40］苏键 . 广西北部湾主要贝类食用品质及其冻藏变化的研究［D］. 南宁：广西大学，2011.
［41］Vooys C G N D，Geenevasen J A J. Biosynthesis and role in osmoregulation of glycine-betaine in the Mediterranean mussel Mytilus galloprovincialis LMK［J］. Comp. Biochem. Physiol.，Part B：Biochem. Mol. Biol，2002，132（2）：409-414.
［42］章超桦，薛长湖 . 水产食品学［M］. 3 版 . 北京：中国农业出版社，2018.
［43］金蕾，徐善良，邱成功，等 . 三疣梭子蟹肌肉组织中甜菜碱、糖原及无机盐变化研究［J］. 生物学杂志，2014，31（4）：24-28.
［44］Fields J H A，Eng A K，Ramsden WD，et al. Alanopine and strombine are novel imino acids produced by a dehydrogenase found in the adductor muscle of the oyster，*Crassostrea gigas*［J］. Arch. Biochem. Biophys，1980，201（1）：110-114.
［45］Fiore G B，Nicchitta C V，Ellington W R. High-performance liquid chromatographic separation and quantification of alanopine and strombine in crude tissue extracts［J］. Anal Biochem，1984，139（2）：413-417.
［46］Venter L，Rensburg P，Du T L，et al. From untargeted LC-QTOF analysis to characterisation of opines in abalone adductor muscle：Theory meets practice［J］. J Chromatogr B Analyt Technol Biomed Life，2017，1071：44-48.
［47］姜城子，崔洁，周苗苗，等 . 青岛地区部分水产品中氧化三甲胺含量的测定［J］. 食品安全质量检测学报，2014，5（1）：41-46.
［48］张晨雪，韩颖颖，王晓 . 鲅鱼贮藏过程中的品质变化和货架期预测［J］. 食品与发酵科技，2016，52（2）：101-105，110.
［49］辛学倩 . 秘鲁鱿鱼丝甲醛含量控制及工艺改进研究［D］. 青岛：中国海洋大学，2011.
［50］宋丹阳，周德庆，杜永芳，等 . 氧化三甲胺酶研究进展［J］. 食品科学，2007，28（1）：350-353.
［51］付雪媛，刘丰海，姜城子，等 . 高效液相色谱-质谱联用检测水产品中氧化三甲胺［J］. 食品安全质量检测学报，2016，7（1）：269-275.
［52］胡金鑫，李军生，闫柳娟，等 . 通过三甲胺/氧化三甲胺摩尔比值评价南美白对虾的新鲜程度［J］. 现代食品科技，2013，10（29）：2492-2497.

[53] 沈月新．水产食品学 [M]．北京：中国农业出版社，2001.

[54] 莫意平，娄永江，薛长湖．水产品风味研究综述 [J]．水生态学杂志，2005，25（1）：82-84.

[55] 何炘，杨荣华．鲜味物质及其在水产调味品中的应用 [J]．中国调味品，2005（4）：3-8，37.

[56] 杨晋，陶宁萍，王锡昌．文蛤的营养成分及其对风味的影响 [J]．中国食物与营养，2007（5）：45-47.

[57] 陈德慰，苏键，刘小玲，等．广西北部湾 3 种贝类中主要呈味物质的测定及呈味作用评价 [J]．食品科学，2012，33（10）：165-168.

[58] 沈丽，张丽君，许柏球．不同解冻时间对冰鲜牡蛎挥发性风味物质的影响 [J]．肉类研究，2012，26（3）：5-8.

[59] 伍舒华．有机酸对多春鱼脱腥处理的研究 [D]．广州：仲恺农业工程学院，2021.

[60] Ding Y，Yan C，Dai W，et al. Flavor improving effects of cysteine in xylose-glycine-fish waste protein hydrolysates（FPHs）Maillard reaction system [J]. Bioresour. Bioprocess，2023，10：95.

[61] 张洁．牡蛎制品的研发及其生物活性评价 [D]．青岛：中国海洋大学，2009.

[62] 刘志芳，赵前程，刘志东，等．贝类多糖研究进展 [J]．食品与发酵工业，2021，47（9）：299-306.

[63] 曹九零．20 种海洋贝类中多糖成分的分析 [D]．大连：大连工业大学，2015.

[64] 李阅兵，孙立春，刘承初，等．几种海水和淡水贝类的大宗营养成分比较研究 [J]．上海海洋大学学报，2012，21（2）：297-303.

[65] 焦莉，孙丽华，王勇，等．水产动物脂类营养研究进展 [J]．广东饲料，2020，29（6）：38-43.

[66] 李林．微生物在发酵酸鱼中对脂质变化和风味组成的影响 [D]．无锡：江南大学，2019.

[67] 劳邦盛，盛国英．牡蛎中脂肪酸在储藏过程中的稳定性 [J]．色谱，2000，18（4）：340-342.

[68] Fuke S Konosus. Taste-active components in some foods：A review of Japanese research [J]. Phys Bshav，1991（49）：863 -868.

[69] 张善发，贺承章，李俊辉，等．马氏珠母贝金黄壳色选育群体与养殖群体不同组织中矿物质元素的分析与评价 [J]．海洋通报，2020，39（3）：357-362.

[70] 潘晓东，汤鋆，黄百芬，等．浙江省部分海产品中 8 种矿物质含量 [J]．卫生研究，2020，49（6）：998-1001，1013.

第二章 水产品风味品质评价体系

渔业生产过程中，基于各种腐败机制，鱼贝类等活体离水后极易腐烂变质，加之传统渔业技术条件的局限，人们往往凭经验对水产原料进行感官判定。科学系统评价的尝试则始于 20 世纪初，在 20 世纪之前，水产品原料以天然捕捞为主，经济发展水平不高且物质匮乏，保鲜意识不强，加之设备及检测水平落后，渔获物鲜度品质整体较差。进入 20 世纪，有学者开始对水产品鲜度评价进行报道，鲜度评价指标逐渐进入人们的视野。1908 年，研究者开始系统地描述水产品感官特性的变化。随后人们逐渐使用微生物、化学、物理方法检测水产品腐败程度。随着社会经济的发展，不断增长的高品质需求推动了越来越多的先进分析技术应用于水产品鲜度检测，科学有效的跟踪评价技术方法或体系也在不断发展建立。

第一节 水产品感官评价体系

一、渔获物鲜度评价体系的发展

科学系统的感官评价起源于工业捕捞的天然渔获物，结合捕后处置对鲜度进行评价。自 20 世纪 50 年代开始，渔业发达国家陆续开展了渔获物的感官评价研究。作为世界上最早的渔业研究机构，英国 Torry 研究站（Torry Research Station）首先开展了水产品感官研究，对鱼的皮肤、黏液、眼睛、鳃、腹膜，进行视觉、嗅觉、味觉、触觉感官属性的详尽解读，并对不同鲜度对应的感官特性描述术语进行了规范。同时，针对大西洋白肉鱼鱼类原料的鲜度，构建了科学的感官评价方案。评价方法是由感官人员对烹煮样品的气味、风味、质地进行评估并打分。在鲜度等级定义中，10 分为非常新鲜，随鲜度下降评分逐渐下降，当评分降至 5.5 分时，渔获物开始出现明显降解特征，此时被判定为可食用的下限；评分为 3 分时，渔获物开始严重腐败变质，不再适合食用[1]。欧盟是首个系统规范感官评价方案的组织。根据 Nollet 等[2] 的回顾，欧盟 EC Scheme 评价方案是在 1976 年欧盟理事会在第 103/76 号决定（鱼）和第 104/76 号决定（甲壳类）首次引入的，并在1996年第2406/96号决定修订。该评价方案从鱼的皮肤、眼睛、腮、表面黏液、腹腔、气味和质地等方面对整个鱼进行评估，分为E、A、B、C四个质量等级，E表示最高质量等级，C表示不可食用等级。欧盟EC Scheme评价方案用于鲜度质量评定具有比较广泛的适应性，但Olafsdóttir等[3] 提出该方法不具有品种针对性，因此业界迫切需要一种精确、客观的鲜度评价方法。1985年，Tasmanian食品研究所（Tasmanian Food Research Unit）的Bremner等提出了质量指数（quality index method，QIM）概念。质量指数法是对鱼的皮肤、眼睛、腮等按照标准进行客观评分（0~3分），再将所有分数相加[2]。QIM为养殖者、销售商、消费者提供了更快速、更具有针对性的新鲜度评价方法。该系统虽然起源于Tasmania，但大多数QIM项目已在欧洲开发和应用。目前，QIM已经开发了26套水产品鲜度评价方案，发布的方案中含有21种鱼类产品，即大西洋鳕（*Gadus morhua*）、大西洋鲭（*Scomber scombrus*）、鲹（*Trachurus trachurus*）、欧洲沙丁鱼（*Sardina pilchardus*）、红鲉（*Sebastes mentella*）、鲽（*Pleuronectes platessa*）、黄盖鲽（*Limanda limanda*）、黑线鳕（*Melanogrammus aeglefinus*）、狭鳕（*Theragra chalcogramma*）、鳎（*Soleidae*）、大菱鲆（*Scophthalmus maximus*）、金头鲷（*Sparus aurata*）、养殖大西洋鲑（*Salmo salar* L.）、冷冻无须鳕（*Merluccius merluccius*）、地中海无须鳕（*Merluccius merluccius*）、扁舵鲣（*Auxis thazard*）、褐牙鲆（*Paralichthys olivaceus*）、大西洋鲱（*Clupeaharengus*）、地中海鳀（*Engraulis encrasicholus*）、大西洋庸鲽（*Hippoglossus hippoglossus* L.）、魴鮄（*Chelidonichthys lucerna* L.）；有2甲壳类产品，即北极虾（*Pandalus borealis*）、虾仁；有3种头足类产品，即章鱼（*Octopus vulgaris*）、虎斑乌贼（*Sepia pharaonis*）和短鳍鱿鱼（*Illex illecebrosus*）[4]。然而，由于渔业部门的执行情况较差，这种方法并未取代欧盟EC Scheme评价方案[5]。

二、感官评价在风味品质中的研究

（一）感官属性

随着人们购买能力的提高，食品的感官属性已成为人们选择食品时的重要参考标准。感官评价是以“人”为工具，将感知到的样品属性进行分析评判的一种方法。水产品的感官评价一般是从视觉、嗅觉、味觉、听觉、触觉五个方面，结合心理、生理、物理、化学及统计学等学科，实现对样品的外观、色泽、质地、气味、滋味方面的考察。依据评价目的不同，可分为三类。①区别检验法：解决产品之间是否存在差别的问题，具体方法有成对比较检验法、3 点检验法、2-3 点检验法、A-非 A 检验法、5 中取 2 检验法等。②描述分析法：解决产品某项感官特性如何的问题，具体方法有风味剖析法、定量描述分析法等。③情感实验法：解决的核心问题是消费者喜爱哪种产品或对其喜爱程度如何，具体方法有偏好检验、快感检验等[6]。

一般而言，样品的感官特性包含多个方面，需要进行筛选以消除感官结果的多重共线性。分析与提取样品的重要感官属性，是描述性感官分析的关键环节，一般采用多元统计方法（主成分分析、相关分析、多元回归分析、聚类技术等）或人工智能方法等筛选描述词。感官分析尤其是定量描述性分析是评价水产品鲜度和质量的最重要的方法之一，通常被用作建立水产品客观评价指标的参考标准[7]。水产品的感官评价已有较多报道，如海胆、三文鱼、大西洋鲱鱼等，其多基于喜好接受性评判，在实际生产中多依赖富有经验的评价员，其喜好带有个人倾向，且上评价系统缺少数据基础上的统计分析，不能克服感官分析结果的多重共线性问题[8-10]。目前，水产品的感官评价在方法的建立或系统的实现上有了较多进展，但仍然存在着一些问题，主要体现在以下几个方面。①如何提取特定水产品的重要感官特征，是一亟待解决的问题。实际上，水产品的各个感官特征对其本身的影响大小并不相同。②在水产品质量评价中，无法追踪影响水产品感官特性的各化学成分的变化。若将各理化参数对感官特征的影响量化处理，即可间接评价水产品的感官质量。③感官评价结果缺乏可靠性。现有的感官评价的方法多依赖于主观评价，易受到既有的视觉概念和理解限制而产生偏差。感官评价员的评价一致性、重复性和区分样品细微差异的能力不同，造成了评估系统的不稳定。

2014 年，有学者首次报道了对活品虾夷扇贝（*Patinopecten yessoensis*）感官评价方案研究[11]，研究团队建立了活品虾夷扇贝感官评价小组，从视觉、嗅觉、触觉、味觉等方面，征集得到的 101 个感官描述词，通过统计分析确定了 32 个活品虾夷扇贝感官描述词用以评价活品风味品质。之后该团队将该套感官评价方案用于探讨现有流通过程中的活品虾夷扇贝的风味品质变化，建立了湿运和干运两条模拟流通链进行为期 7 天的跟踪研究[12]。其最新报道进一步探究了感官评价用于无水贮运及束缚调控对活品虾夷扇贝风味品质的影响。另有文献报道了菲律宾蛤仔（*Ruditapes philippinarum*）活品感官评价方法，建立了菲律宾蛤仔感官评价小组，从视觉、嗅觉、触觉、味觉等方面征集到139个感官描述词，并从中筛选出34个，建立了活品菲律宾蛤仔的感官评价方案，并将该套方案用于探讨干露前后和净化时间对活品菲律宾蛤仔风味的影响[13]。

（二）活品活力

我国素有水产活品消费传统习俗，鱼虾贝类等优势养殖品种的生产与消费不断增长，活品供应链存在的突出问题是随着流通时间的延长品质不断下降，特别是风味品质也不断下降。以虾夷扇贝为例，扇贝在挑选、运输、交接等环节等均会出现活力弱状态差等现象，因此需要能够实时监测扇贝活力方法，为商品货架期提供重要依据。通过测量其缩边率并使用针灸针刺激闭壳肌，检测闭合速率，初步探索了一套科学的活力评价方案。

对于测量“缩边”程度，操作工具选用透明直尺，闭合速率最初选定五种操作工具如图2-1（a）所示，包括细玻璃棒、细毛刷、尖头镊子和无菌注射器。刺激部位活品虾夷扇贝选择外套膜和闭壳肌，分别用不同探头工具对两个组织部位进行测试。如表2-1所示，经不同尝试，研究人员发现不同部位对细玻璃棒刺激后响应均不敏感，闭壳肌对细毛刷和尖头镊子刺激后响应不敏感，当活品虾夷扇贝微开壳或闭壳状态时，无法直接触碰刺激部位，故以上淘汰。相比其他工具，外套膜和闭壳肌对针头刺激响应更明显，但无菌注射器针头较粗，刺激外套膜和闭壳肌时对外套膜和肌纤维有损伤；针灸针［图2-1（b）］手持部位细软有弹力，且针头具有锋利、细小特点，触碰扇贝时可模仿海星触角，对组织部位损伤小，且操作简单工具便捷易携带，样品保存完好对活力无影响，测试人员几乎不需要培训。综上，活力测试探头工具选择为针灸针，刺激部位选择更敏感的外套膜。

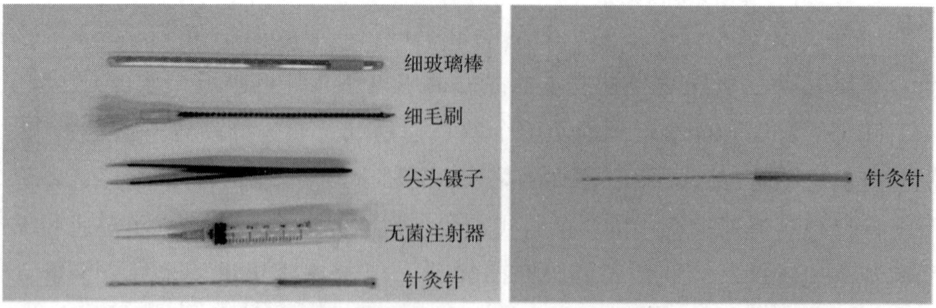

（a）测定活力初选五种操作工具　　（b）最终确定操作工具即针灸针

图2-1　测定活力的操作工具的选择

表 2-1　虾夷扇贝活体活力感官测试探头工具评价结果

探头工具	刺激响应		说明
	外套膜	闭壳肌	
细玻璃棒	迟钝	迟钝	表面光滑，刺激程度不够
细毛刷	灵敏	迟钝	闭壳时无法触碰外套膜和闭壳肌
尖头镊子	灵敏	迟钝	闭壳时无法触碰外套膜和闭壳肌
无菌注射器	灵敏	灵敏	针头过粗，对外套膜肌纤维有损伤
针灸针	灵敏	灵敏	外套膜和闭壳肌对其刺激敏感，且对肌纤维损伤较小

为了确定针灸针是否能达到预期效果，将虾夷扇贝缓冲 24h 后冷却干露 48h，分别在 0、6h、12h、24h、36h 和 48h 时观察活品扇贝中心轴处外套膜与扇贝边缘距离，并用针灸针刺激扇贝记录首次相应时间，每次 5 只虾夷扇贝。如图 2-2 所示，活品虾夷扇贝离水后平均在 2. 8s 时发生第一次自主闭合且有力；干露 6h 和 12h 刺激扇贝首次响应时间接近，分别为 4. 2s 和 3. 2s；干露至 24h 首次响应时间增加到 13. 6s；干露结束时扇贝“缩边”达到 8. 6mm，首次响应时间延长至 17. 4s。实验室其他成员用同批次扇贝测定不同干露时间扇贝闭合力的变化，0 扇贝闭合频繁，闭合力平均达到为 20N；干露结束时扇贝闭合间隔时间长且无力，闭合力平均不到 10N。实验结果与活力测定结果相呼应。

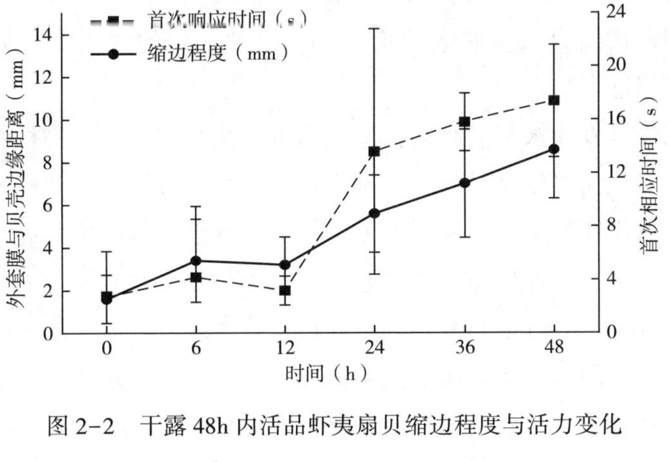

图 2-2　干露 48h 内活品虾夷扇贝缩边程度与活力变化

第二节 水产品非感官评价指标与方法

一、化学评价指标与方法

鲜度下降产生的腐败产物是最早引起重视的化学指标。化学法评价鲜度至今已有100年的历史。Rehbein等[14]于2003对水产品化学评价历程进行了系统回顾。根据该研究者的回顾，1917年Clark等探讨了基于鱼类腐败产物模拟溶液体系开展的化学评价尝试；1919年出现首篇针对水产品鲜度化学评价的研究报道；Weber和Wilson开展了基于胺类腐败产物的化学评价方法，并提出总挥发性盐基氮（total volatile bases，TVB）指标。至今，TVB仍是最常用的一种化学鲜度指标，并广泛应用于水产原料及各种贮藏加工品。另外，化学评价方法中还逐渐发展出TMA及DMA等指标[14]。TVB-N值通常仅反映腐败后期的品质[2]。鉴于传统TVB-N法分析烦琐，20世纪80年代，郭大钧等[15]应用改制的气敏氨电极建立了一种简便快速且具有一定精度的TVB-N测定法，并对带鱼（*Trichiurus haumela*）、绿鳍马面鲀（*Navodon septentrionalis*）、鹰爪糙对虾（*Trachypenaeus curvirostris*）进行了检测，该方法可作为一种水产品质量控制的理化检验方法。此外，生物胺和吲哚也在Clark等评价鱼品质的指标清单中。生物胺是由微生物降解产生的，且其浓度随着储存时间的延长而增加。根据Rehbein等[14]的回顾，1925年，Clough等首次在渔业产品中测量了吲哚指标含量。由于生物胺和吲哚是在鱼的货架期快结束时由腐败菌产生的，因此它们的含量被认为是腐败的指标，而不是新鲜度[2]。

由于受到渔业发展水平的制约，渔获物鲜度往往与腐败产物相关联。随着社会进步，行业对鱼品鲜度品质的要求越来越高，自20世纪50年代开始，鲜度指标升级到与能量代谢有关的早期鲜度品质指标，并借助科学技术进步使分析得以实现。Saito等[16]最先提出用*K*值评价水产品新鲜度，被定义为HxR与Hx含量之和与AEC（ADP、AMP、IMP、HxR、Hx）总含量的比值。*K*值可以有效反映不同储存条件下不同水产品品质的变化情况。Saito等[16]建议*K*值低于20%的鱼类产品为非常新鲜等级，*K*值低于50%的鱼类产品适度新鲜等级，*K*值高于70%的鱼类产品为不新鲜等级。但是，*K*值作为新鲜度指数的缺点是其依赖于物种、季节、处理条件和处死方式等。研究发现，在4℃下贮藏的大西洋鲑鱼样品在7d

时，*K* 值超过 80%，在 0℃下贮藏 7d 时，*K* 值为 69%，在贮藏 10d 时达到 83%，不同贮藏温度对 *K* 值变化有较大影响[17]。可以看出，随着分析指标的更新及对鲜度机制科学研究的深入，品质调控正在不断升级。

二、物理评价指标与方法

（一）pH

随着对原料物理性质的深入了解，加之分析仪器的不断创新发明，已有越来越多的方法应用于水产品鲜度测量。根据丰达明[18]的回顾，1909 年 Soslashren 等首先提出了 pH 的概念。活鱼的天然 pH 略高于 7.0，通常为 7.3，但在鱼死后，随着尸体僵直，糖原转化为乳酸，pH 下降，大多数水产品死后的 pH 为 6.0~6.8。随着死后贮藏时间的延长，在微生物和酶的作用下，鱼体产生了一些胺类物质，促使 pH 升高[14]。水产品在死后 pH 变化太大，无法从单个值计算出相关性，因此不能仅使用 pH 评价新鲜度。

（二）眼液折射率

眼液折射率原理是通过测量鱼眼睛内部的玻璃体液的折射率（*RI*），研究其与鱼贮藏时间的关系，1959 年 Proctor 等首次将该方法用于测量鱼的新鲜度[14]。他们发现，在冷藏过程中，*RI* 近似线性增长。陆续有研究表明，眼液 *RI* 可以作为鱼新鲜度的评价指标[19]。测定眼液的 *RI* 是一种操作简单、价格低廉的方法，在鱼死后不久 *RI* 开始增加，晶状体的透明度随贮藏时间变化，可在鱼开始变质之前判断其品质[14]。

（三）电阻

Torry Research Station 根据鱼的介电性能开发了“Torry 鲜度仪”，新鲜鱼的电阻约为 2000Ω，随着鱼的细胞膜被自溶酶和微生物逐渐破坏，细胞液渗入细胞间，导致电阻和容量降低，变质鱼的电阻仅为 50Ω 左右。在进行适当的校准后，Torry 鲜度仪是评价新鲜度的理想工具。但 Torry 鲜度仪的测量是基于存在完整细胞膜，当鱼细胞破裂（损坏、冷冻/融化）时，无法测量新鲜度的变化[5]。

（四）质地

质地是鱼肉重要的特性。鱼肉可能由于冷冻储存而变得僵硬，或者由于自溶降解而变得柔软。人们通常通过感官来监测质地，因此需要开发一个客观可靠的指标来评价质地。Gill 等[20] 开发了一种方法来评估冷冻的鱼肉，该方法与受过系统训练的感官小组获得的数据有较好的相关性。Johnson 等[21] 报道了一种测量鱼肉硬度/柔软度的方法，称为压缩变形性。之后 Botta[22] 开发了一种快速的方法用于测量鳕鱼片的质地。近年来，研究者已应用质地测量评价鳜（*Siniperca-chuatsi*）、养殖大西洋鲑等的鲜度变化[23,24]。

（五）僵直指数

依据鱼死后的僵直状态，Bito 等[25] 提出以僵直指数作为新鲜度评价指标。当鱼死后，肌肉中的酶还在发挥作用，使肌肉在死后一段时间内保持柔韧性。一旦能量储备用完，蛋白质成分相互作用，肌肉试图收缩，最终变得僵硬。蛋白质成分的相互作用也受到乳酸积累的影响，乳酸是在肌肉能量储备分解时产生的。这两种因素中包含一种物质的消耗和另一种物质的积累，其相对重要性目前尚不完全清楚，但已知这两种因素与鱼的种类及死亡时状态有关。该状态分为僵直前、僵直和解僵 3 个阶段。僵直和解僵的时间与种类、大小、生理状况、死前应激、温度等因素有关[26]。

三、微生物学评价指标与方法

微生物是造成鲜度下降的主要原因。根据 Rehbein 等[14] 的回顾，1908 年 Anderson 首次从微生物的角度评价鱼的新鲜度。水产品的微生物种群中只有一部分菌群生长速度快于其他菌群，并能产生足够数量的代谢物，以引起感官排斥，称为特定腐败菌（specific spoilage organisms，SSOs）[27]。SSOs 取决于水产品的品种、生活环境、加工方式、加工环境、储存条件及储存时间。寒冷或温带水域的鱼中，革兰氏阴性菌（通常是嗜冷细菌）占主导地位，而热带水域的鱼中发现更多的革兰氏阳性细菌[28]。在低温下贮藏的海水鱼类和甲壳类中，假单胞菌属和希瓦氏菌是主要的腐败细菌[29,30]，冷冻淡水鱼中假单胞菌起主要作用[28]。

第三节　新兴评价技术

一、色谱—质谱联用技术

色谱具有极强的分离能力，质谱对未知化合物具有独特的鉴别能力，且灵敏度极高，因此色谱—质谱法是分离提取和检测复杂化合物的最有力工具之一，与电子鼻技术结合后对挥发性物质的研究更具体化。电子鼻的概念最早于 1982 年，由 Persaud 等[31] 利用智能化学传感器模仿哺乳动物嗅觉系统，对几种气体进行分析时提出。Gardner 等[32] 于 1994 年正式提出了电子鼻的概念，标志着电子鼻技术进入到成熟发展阶段。电子鼻主要由气敏传感器阵列、信号预处理和模式识别 3 部分组成。当某种气味呈现在一种活性材料的传感器面前，传感器将化学成分输入并转换成电信号，由多个传感器对一种气味的响应便构成了传感器阵列对该气味的响应谱。气味中的各种化学成分均会与敏感材料发生作用，这种响应谱为该气味的广谱响应谱。传感器借助数据处理对多种气味进行识别，从而对质量进行分析与评定。近年来，电子鼻用于水产品鲜度分析的报道不断出现，表 2-2 列出了 21 世纪后应用电子鼻检测水产品新鲜度的部分研究。

表 2-2　应用电子鼻技术检测水产品新鲜度

品种	国家	发表年份	传感器	传感器数量	参考文献
鲈鲉（*Sebastes marinus*）	中国	2000	气体传感器	4	Li[33]
毛鳞鱼（*Mallotus villosus*）	冰岛	2000	气体传感器	9	Ólafsdóttir 等[34]
鲈鲉（*Sebastes marinus*）	冰岛	2002	气体传感器	4	Ólafsdóttir 等[35]
大西洋鳕（*Gadus morhua*）	冰岛	2005	气体传感器	4	Olafsdottir 等[36]
大西洋鲱（*Clupea harengus*）	冰岛	2009	气体传感器	4	Mai 等[37]
沙丁鱼（*Sardinia pilchardus*）	西班牙	2007	金属氧化物传感器	6	Ei Barbri 等[38]
带鱼（*Trichiurus haumela*）	中国	2010	金属氧化物传感器	18	佟懿等[39]
草鱼（*Ctenopharyngodon idellus*）	中国	2011	金属氧化物传感器	18	施文正等[40]
暗纹东方鲀（*Takifugu obscurus*）	中国	2013	金属氧化物传感器	18	吴容[41]
三疣梭子蟹（*Portunus trituberculatus*）	中国	2016	金属氧化物传感器	10	苗钰湘等[42]
虾夷扇贝（*Patinopecten yessoensis*）	中国	2016	金属氧化物传感器	18	傅润泽等[43]
竹荚鱼（*Trachurus japonicus*）	土耳其	2020	金属氧化物传感器	8	Güney 等[44]

二、高光谱成像技术

高品质需求驱使实时、无损、快速检测技术的发展。研究领域涉及计算机视觉、荧光成像（FI）、可见光（VIS）和近红外（NIR）光谱学等。但仅凭计算机视觉不能提供产品的化学成分信息，只有光谱技术也不能直接提供空间分布和可视化信息[45]。为了克服这些困难，需要一种成像技术来映射空间每个分量的位置。随着相关科学技术的交叉和快速发展，研发出高光谱成像技术，即三维（3D）高光谱立方体（也称超立方体，光谱立方体），由三维像素（也称为矢量）组成，包含光谱信息（λ 波长）及二维空间信息（x 行和 y 列）[46]。高光谱成像技术起源于20 世纪 80 年代[47]，可以获得物体的空间和光谱信息。最早应用于地质矿物识别填图研究，后来逐渐扩展为植被生态、海洋海岸水色、冰雪、土壤及大气研究中。近年来，高光谱成像技术的应用已扩展到评估食品质量和安全性领域[48]，因其快速无损的特点，现已应用到水产品鲜度评价的各个方面（表 2-3）。

表 2-3　高光谱成像技术在水产品鲜度评价方面的应用

指标	品种	国家	波长范围/nm	多变量分析	参考文献
总活菌数	鲑鱼（*Salmo salar*）	爱尔兰	400~1700	PLSR、LS-SVM	Wu 等[49]
水分含量	对虾（*Penaeus chinensis*）	中国	380~1100	PLSR、LS-SVM	Wu 等[50]
质构特性	大菱鲆（*Psetta maxima*）	中国	380~1030	LS-SVM	Zhu 等[51]
持水力	鲑鱼（*Salmo salar*）	爱尔兰	400~1000	PLSR、LS-SVM	Wu 等[52]
线虫	大西洋鳕鱼（*Gadus morhua* L.）	挪威	400~1000	GML	Sivertsen 等[53]
冷冻解冻	鳕鱼（*Gadus morhua*）	挪威	400~1000	PCA、Knn、PLSR	Sivertsen 等[54]
过期	鲑鱼（*Salmo salar*）	西班牙	400~1000	PLS-DA	Ivorra 等[55]
水分分布	大西洋鲑鱼（*Salmo salar* L.）	爱尔兰	400~1700	PLSR	He 等[56]
虾青素	虹鳟鱼（*Oncorhynchus mykiss*）	丹麦	385~970	PLSR	Dissing 等[57]
质构特性	海鲈鱼（*Dicentrarchus labrax*）	意大利	400~970	PLSR	Costa 等[58]

三、代谢组学技术

代谢组学相关研究最早可追溯到 20 世纪 80 年代，由 Nicholson 教授提出[59]，旨在将机体病理过程作为动态的整体变化进行研究。代谢组学、基因组学、转录组学、蛋白组学共同构成了系统生物学研究的重要模块，其中代谢组学作为“组学级联”的终点，最为接近生物表型[60]。作为一种新型技术其发展非常迅速，近十年发表的代谢组学相关文章数量显著上升。代谢组学按照研究需求可以分为非靶向代谢组学（untargeted metabolomics）和靶向代谢组学（targeted metabolomics）[61]。非靶向代谢组学能够最大程度地体现生物样品体系中总的代谢物信息，尽可能地去定性和定量（相对）所有的代谢物；靶向代谢组学能对目标代谢产物进行绝对定量与分析，具有特异性强、灵敏度高、重复性好等特点。靶向代谢组学也是对非靶向代谢组学有力的补充和验证。目前，核磁共振（NMR）、气相色谱—质谱联用（GC-MS）、液相色谱—质谱联用（LC-MS）、毛细管电泳色谱（CEC）是代谢组学中常用的检测技术。将代谢组学技术应用于水产品品质方面的研究，可以更全面地评价水产品品质特性，更深入地了解水产品品质形成与变化机理，从而提出更高效的水产品品质管理体系[62]。水产原料品质现代化控制体系体现在从养殖、捕捞处置、储运、加工到终端餐桌的流通全过程监控。在水产养殖源头到销售终端这一过程中，引起品质变化的因素有很多，通过对水产品流通过程中代谢产物（或代谢轮廓）的差异性分析，代谢组学可提供准确且灵敏的物质信息，为进一步构建完善的水产品品质管理体系提供理论基础。

养殖过程是水产品品质的源头。一方面，养殖环境如温度、氧气、光照、水质等因素对水产生物的生长发育有重要影响。研究表明杂色鲍（*Haliotis diversicolor*）在高温缺氧环境下，其肌肉以及鳃组织中的能量代谢、渗透压平衡受到干扰[63]；另一方面，不同的饲料配比对水产品的营养组成有很大影响。研究表明饲料中添加牛磺酸可以促进罗非鱼（*Oreochromis niloticus*）的生长发育，改善鱼类碳水化合物合成、蛋白质消化吸收和脂肪沉积[64]；水产原料的生理状态与生长代谢直接关系到水产品的品质特性。通过优化水产养殖模式，人们可以得到优质安全的水产原料。代谢组学技术通过阐明不同养殖环境、饲料配比等对水产品生长代谢的影响，探究水产养殖过程中原料的成分变化及营养安全，为科学合理地指导养殖过程提供理论依据，对水产原料的产量增加、品质优化均具有重要意义。

捕捞离水标志着水产原料由活体向食材的转变，水产品风味品质的下降往往始于离水。捕捞及捕后处置环节均会引起鱼贝类不同程度的生理应激，导致代谢改变，进而品质受损。水产品捕捞及捕后应激与品质息息相关，然而该环节的研究一直未引起人们足够的关注。该阶段所引起的水产品品质变化具有延迟效应，一些传统的鲜度指标如 pH、糖原、*K* 值等灵敏度不佳、专一性不强，往往无法准确反映水产品捕捞及捕后早期的品质变化。代谢组学通过高通量、高灵敏度的检测手段与多元统计分析，能够有效揭示水产品捕捞及捕后处置应激产生的代谢变化，进而对水产品品质进行准确地分析解读。针对大菱鲆（*Scophthalmus maximus*）致死降温后的肌肉代谢组学分析显示，甘油磷酸，二羟丙酮磷酸和癸酰基-L-肉碱的含量升高，而丙酮醛，D-来苏糖和 D-核糖的含量下降[65]。Xu 等[66] 通过非靶向代谢组学研究捕后低氧胁迫对活品虾夷扇贝品质的影响，结果表明空气暴露引起的低氧胁迫会导致扇贝能量代谢、渗透调节系统和膜流动性发生紊乱。

水产品在储运过程中因运输方式、贮藏时间及温度等因素会导致鲜度品质下降。水产品储运重点在于保持其新鲜程度，包括渔获后的外观形态、肌肉质地、化学特性以及安全等多方面[67]。陈山乔[68] 运用代谢组学方法阐明了扇贝（*Chlamys farreri*）在半无水储藏过程中代谢模式发生改变，由乳酸通路切换到了琥珀酸通路，其中与呼吸有关的羧酸（苹果酸、延胡索酸和琥珀酸）、脂肪酸（C18：0、C16：0 和 C22：6）和氨基酸（苯丙氨酸、谷氨酸、天冬氨酸、异亮氨酸、甘氨酸、焦谷氨酸、脯氨酸、亮氨酸和 2-氨基己二酸）被确定为生物标志物，意味着在扇贝的半无水活体储藏的条件优化中氧气补充是一项次要条件。储运是影响水产品品质的重要环节。代谢组学技术对水产品储运过程中代谢产物的监测分析，不仅可以得到指示其新鲜（或腐败）程度的生物标志物，还能够阐明水产品在储运过程中品质劣化的分子机制，有利于优化储运条件，减少水产品在储运环节的品质损失，实现低碳高效的储运方式。

常见的热加工（蒸、煮、煎、炸）方式会导致水产品风味质地、营养元素的改变；腌制、发酵、熏制等工艺方法还会引入盐、糖、生物酶、微生物、熏烟等，形成水产加工品特有的风味口感。将代谢组学技术运用到水产品加工过程中的品质变化研究，能够有助于阐明其复杂的风味品质变化机理。水产品加工过程中的风味品质变化极为复杂，风味是决定消费者可接受性的关键因素，也是水产品品质的一个重要指标。代谢组学技术可以深入挖掘水产品在加工过程中的风味成分、形成机制以及每种物质对风味的贡献，通过识别与感官有关的分子以及其他因素对整体感官的影响，了解感官化合物在特定水产加工品中的功能与贡献。Li 等[69] 运用代谢组学技术分别从蒸/生、煮/生和空气炸/生组的罗非鱼热加工产品中筛选出 24 种、29 种和 24 种差异代谢物，研究显示罗非鱼在热加工过程中氨基酸、脂类及核苷酸等营养成分变化显著，对罗非鱼鱼片的口感和营养有重要影响。

四、其他评价技术指标与方法

（一）线粒体

由于不同的鲜度检验方法均有不同的限制，因此需要不断开发新的检测指标。Cléach 等[70] 提出应用线粒体活性作为一种水产品鲜度评价指标。许多研究显示了水产品死后肌原纤维蛋白的结构发生变化，这些变化通常与组织的质地相关[71]。在其中一些研究中，肌原纤维蛋白的结构变化与死后线粒体的结构变化相关[72]。因此，线粒体的变化可以作为水产品新鲜度评价的可靠指标。另外，Cléach 等[73] 监测了鲈鱼分别在 0℃ 和 4℃ 下线粒体呼吸作用和膜电位的变化，结果发现，线粒体膜电位（$\Delta\Psi m$）可以作为评价鱼类死后早期品质的可靠方法。姜明慧等[74] 观察了捕后虾夷扇贝闭壳肌的微观结构，发现贮藏 5d 后线粒体明显出现水肿。

（二）分形维数

分形理论由 Mandelbrot[75] 于 1975 年提出。这是一个几何参数，用于表征在特定空间中的空间填充能力，是一种用于描述一些不能用传统集合描述的形状极不规则、分布极不均匀几何图形的方法。近年来，应用分形维数评估冷冻水产品质量的报道明显增加。有学者利用分形维数对冷冻黄鳍金枪鱼（*Thunnus albacares*）中的冰晶颗粒形状进行分析，结果表明，分形维数可用作反映冰晶颗粒表面粗糙度的定量指标[76]。另有学者将带鱼样品贮藏在不同的温度下，使用分形维数与传统质量指标相关联，建立了带鱼在冷冻贮藏过程中的有效质量评估方法[77]。

参考文献

[1] B Shewan J M, Macintosh R G, Tucker C G, et al. The development of a numerical scoring sys-

tem for the sensory assessment of the spoilage of wet white fish stored in ice [J]. Journal of the science of food & agriculture, 1953, 4 (6): 283-298.

[2] Nollet L M L, Toldrá F. Seafood and seafood products analysis [M]. Boca racon: taylor & francis group, 2010: 191-463.

[3] Olafsdóttir G, Martinsdóttir E, Oehlenschl J, et al. Methods to evaluate fish freshness in research and industry [J]. Trends in food science & technology, 1997, 8 (8): 258-265.

[4] Zenle X. Increasing number of publications on new QIM schemes! [EB/OL]. 2020-08-23.

[5] Boziaris I S. Seafood processing: technology, quality and safety [M]. Chichester: Wiley Blackwell, 2014: 368-375.

[6] T H. Laboratory Exercises for Sensory Evaluation [M]. Boston. MA: Springer US, 2013.

[7] Stone H S J, Oliver S, et al. Descriptive Sensory analysis in practice: sensory evaluation by quantitative descriptive analysis [M]. Connecticut: Food & Nutrition Press, 2008.

[8] Phillps K BP, Silcock P, et al. Effect of gender, diet and storage time on the physical properties and sensory quality of sea urchin (*Evechinus chloroticus*) gonads [J]. Aquaculture, 2009, 288: 205-215.

[9] Green D H G, Svensdottir K, et al. Consumer preference and description of salmon in four Northern Atlantic countries and association with sensory characteristics [J]. Aquatic Food Product Technology, 2009, 18: 223-244.

[10] Hyldig G, Undeland I, et al. Sensory properties of frozen herring (*Clupea harengus*) from different catch seasons and locations [J]. Food Science and Technology International, 2012, 77: S288-S293.

[11] 杨婷婷，刘俊荣，沈建，等．活品底播虾夷扇贝（*Patinopecten yessoensis*）感官评价描述词的建立［J］．食品科学，2014，35（19）：16-22.

[12] 杨婷婷，刘俊荣，俞微微，等．活品流通过程中虾夷扇贝风味品质的变化［J］．水产学报，2015，39（1）：136-146.

[13] 刘慧慧．采捕后菲律宾蛤仔的代谢规律与品质评价［D］．大连：大连海洋大学，2018.

[14] Rehbein H, Oehlenschlager J. Fishery Products: Quality, Safety and Authenticity [M]. Wiley-Blackwell, 2009: 1-30.

[15] 郭大钧，万建荣，刘俊荣．用三甲胺特效电极对海产鱼虾作质量评定［J］．水产学报，1989，13（3）：248-253.

[16] Saito T, Araik I, Matsuyoshi M. A new method for estimating the freshness of fish [J]. Nippon Suisan Gakkaishi, 1959, 24 (9): 749-750.

[17] Shumilina E, Ciampa A, Capozzi F, et al. NMR approach for monitoring posmortem changes in Atlantic salmon fillets stored at 0 and 4℃ [J]. Food Chemistry, 2015, 184: 12-22.

[18] 丰达明 . pH 标准的历史与现状 [J]. 化学传感器，1989，9 (2)：11-16.

[19] Gokoglu N, Yerlikaya P. Use of eye fluid refractive index in sardine (*Sardina pilchardus*) as a freshness indicator [J]. European Food Research and Technology, 2004, 218 (3): 295-297.

[20] Gill T A, Keith R A, Lall B S. Textural deterioration of red hake and haddock muscle in frozen storage as related to chemical parameters and changes in the myofibrillar proteins [J]. Journal of Food Science, 1979, 44 (3): 661-667.

[21] Johnson E A, Segars R A, Kapsalis J G, et al. Evaluation of the compressive deformability modulus of fresh and cooked fish flesh [J]. Journal of Food Science, 1980, 45 (5): 1318-1320.

[22] Botta J R. Instrument for nondestructive texture measurement of raw Atlantic cod (*Gadus morhua*) fillets [J]. Journal of Food Science, 1991, 56 (4): 962-964.

[23] Sun Y, Ma L, Ma M S, et al. Texture characteristics of chilled prepared mandarin fish (*Siniperca chuatsi*) during storage [J]. International Journal of Food Properties, 2018, 21 (1): 242-254.

[24] Bahuaud D, Gaarder M, Veiseth-Kent E, et al. Fillet texture and protease activities in different families of farmed Atlantic salmon (*Salmo salar* L.) [J]. Aquaculture, 2010, 310 (1-2): 213-220.

[25] Bito M, Yamanada K, Mikumo Y, et al. Studies on rigor mortis of fish difference in the mode of rigor mortis among some varieties of fish by modified cuttings methods [J]. Bulletin of To-kai Regional Fisheries Research Laboratory, 1983, 109: 89-96.

[26] Stroud G D. Rigor in fish-the effect on quality [EB /OL]. 2021-01-09.

[27] Gram L, Huss H H. Microbiological spoilage of fish and fish products [J]. International Journal of Food Microbiology, 1996, 33 (1): 121-137.

[28] Gram L, Wedell-neergaard C, HUSS H H. The bacteriology of fresh and spoiling Lake Victorian Nile perch (*Lates niloticus*) [J]. International Journal of Food Microbiology, 1990, 10 (3-4): 303-316.

[29] Koutsoumanis K, Nychas G J E. Application of a systematic experimental procedure to develop a microbial model for rapid fish shelf-life predictions [J]. International Journal of Food Microbiology, 2000, 60 (2-3): 171-184.

[30] Boziaris I S, Kordila A, Neofitou C. Microbial spoilage analysis and its effect on chemical changes and shelf-life of Norway lobster (*Nephrops norvegicus*) stored in air at various temperatures [J]. International Journal of Food Science & Technology, 2011, 46 (4): 887-895.

[31] Persaud K, Dodd G. Analysis of discrimination mechanisms in the mammalian olfactory system using a model nose [J]. Nature, 1982, 299 (5881): 352-355.

[32] Gardner J W, Bartlett P N. A brief history of electronic noses [J]. Sensors and Actuators B: Chemical, 1994, 18 (1-3): 210-211.

[33] Li X C. Electronic nose to monitor the freshness of red fish (*Sebastes marinus*) stored in ice and modified atmosphere packaging (MAP) [R]. Tokyo: UNU-Fisheries Training Programme, 2000.

[34] Lafsdóttir G, Högnadóttir Á, Martinsdóttir E, et al. Application of an electronic nose to predict total volatile bases in capelin (*Mallotus villosus*) for fishmeal production [J]. Journal of Agricultural and Food Chemistry, 2000, 48 (6): 2353-2359.

[35] lafsdóttir G, Li X C, Lauzon H L, et al. Precision and application of electronic nose for freshness monitoring of whole redfish (*Sebastes marinus*) stored in ice and modified atmosphere bulk storage [J]. Journal of Aquatic Food Product Technology, 2002, 11 (3/4): 229-249.

[36] Olafsdottir G, Jonsdottir R, Lauzon H L, et al. Charac - terization of volatile compounds in chilled cod (*Gadus morhua*) fillets by gas chromatography and detection of quality indicators by an electronic nose [J]. Journal of Agricultural and Food Chemistry, 2005, 53 (26): 10140-10147.

[37] Mai N T T, Martinsdóttir E, Sveinsdóttir K, et al. Application of quality index method, texture measurements and electronic nose to assess the freshness of Atlantic herring (*Clupea harengus*) stored in ice [J]. World Academy of Science, Engineering and Technology, 2009, 3 (9): 435-441.

[38] El Barbri N, Amari A, Vinaixa M, et al. Building of a metal oxide gas sensor - based electronic nose to assess the freshness of sardines under cold storage [J]. Sensors and Actuators B: Chemical, 2007, 128 (1): 235-244.

[39] 佟懿，谢晶，肖红，等．基于电子鼻的带鱼货架期预测模型 [J]. 农业工程学报，2010，26 (2): 356-360.

[40] 施文正，王锡昌，陶宁萍，等．致死方式对养殖草鱼肉挥发性成分的影响 [J]. 水产学报，2011，35 (3): 456-465.

[41] 吴容．养殖暗纹东方鲀肉中特征性气味物质鉴定研究 [D]. 上海：上海海洋大学，2013.

[42] 苗钰湘，汤海青，欧昌荣，等．基于电子鼻的三疣梭子蟹鲜度评价方法研究 [J]. 核农学报，2016，30 (4): 748-754.

[43] 傅润泽，沈建，王锡昌，等．基于神经网络及电子鼻的虾夷扇贝鲜活品质评价及传感器的筛选 [J]. 农业工程学报，2016，32 (6): 268-275.

[44] Güney S, Atasoy A. Freshness classification of horse mackerels with enose system using hybrid binary decision tree structure [J]. International Journal of Pattern Recognition and Artificial

Intelligence，2020，34（3）：2050003.

［45］Cheng J H，Sun D W，Zeng X A，et al. Non-destructive and rapid determination of TVB-N content for freshness evaluation of grass carp（*Ctenopharyngodon idella*）by hyperspectral imaging［J］. Innovative Food Science & Emerging Technologies，2014，21：179-187.

［46］Wu D，Sun D. Advanced applications of hyperspectral imaging technology for food quality and safety analysis and assessment：A review—Part I：Fundamentals［J］. Innovative food science & emerging technologies，2013，19：1-14.

［47］杨东．基于高光谱成像技术熟牛肉新鲜度快速检测方法研究［D］．沈阳：沈阳农业大学，2018.

［48］Wu D，Sun D. Advanced applications of hyperspectral imaging technology for food quality and safety analysis and assessment：A review—Part II：Applications［J］. Innovative food science & emerging technologies，2013，19：15-28.

［49］Wu D，Sun D. Potential of time series-hyperspectral imaging（TS-HSI）for non-invasive determination of microbial spoilage of salmon flesh［J］. Talanta，2013，111：39-46.

［50］Wu D，Shi H，Wang S，et al. Rapid prediction of moisture content of dehydrated prawns using online hyperspectral imaging system［J］. Analytica chimica acta，2012，726：57-66.

［51］Zhu F，Zhang D，He Y，et al. Application of visible and near infrared hyperspectral imaging to differentiate between fresh and frozen-thawed fish fillets［J］. Food and bioprocess technology，2013，6（10）：2931-2937.

［52］Wu D，Sun D. Application of visible and near infrared hyperspectral imaging fornon-invasively measuring distribution of water-holding capacity in salmon flesh［J］. Talanta，2013，116：266 276.

［53］Sivertsen A H，Heia K，Hindberg K，et al. Automatic nematode detection in cod fillets（*Gadus morhua* L.）by hyperspectral imaging［J］. Journal of food engineering，2012，111（4）：675-681.

［54］Sivertsen A H，Kimiya T，Heia K. Automatic freshness assessment of cod（*Gadus morhua*）fillets by Vis/Nir spectroscopy［J］. Journal of food engineering，2011，103（3）：317-323.

［55］Ivorra E，Girón J，Sánchez A J，et al. Detection of expired vacuum-packed smoked salmon based on PLS-DA method using hyperspectral images［J］. Journal of food engineering，2013，117（3）：342-349.

［56］He H，Wu D，Sun D. Non-destructive and rapid analysis of moisture distribution in farmed atlantic salmon（*Salmo salar*）fillets using visible and near-infrared hyperspectral imaging［J］. Innovative food science & emerging technologies，2013，18：237-245.

［57］Dissing B S，Nielsen M E，Ersbøll B K，et al. Multispectral imaging for determination of astaxanthin concentration in salmonids [J]. Plos one, 2011, 6 (5): e19032.

[58] Costa C, D Andrea S, Russo R, et al. Application of non-invasive techniques to differentiate sea bass (*Dicentrarchus labrax*, L. 1758) quality cultured under different conditions [J]. Aquaculture international, 2011, 19 (4): 765-778.

[59] Nicholson J K, Timbrell J A, Sadler P J. Proton NMR spectra of urine as indicators of renal damage. mercury-induced nephrotoxicity in rats [J]. Molecular Pharmacoly, 1985, 27 (6): 644-651.

[60] Dettmer K, Aronov P A, Hammock B D. Mass spectrometry-based metabolomics [J]. Mass Spectrometry Reviews, 2007, 26 (1): 51-78.

[61] Xu Y J, Wang C S, Wanxing E, et al. Recent developments and applications of metabolomics in microbiological investigations [J]. Trend Analytical Chemistry, 2014, 56: 37-48.

[62] Nicholson J K, Wilson I D. Opinion: understanding 'global' systems biology: metabonomics and the continuum of metabolism [J]. Nature Reviews Drug Discovery, 2003, 2 (8): 668-676.

[63] 卢洁．不同环境因素胁迫下杂色鲍的代谢组学研究 [D]. 厦门：厦门大学，2016.

[64] Shen G P, Ding Z N, Dai T, et al. Effect of dietary taurine supplementation on metabolome variation in plasma of nile tilapia [J]. Animal, 2021, 15 (3): 100167.

[65] Xu T Y, Yi H L, Liu Y P, et al. Mechanism of freshness-lock during the quality determination period of farmed turbot Scophthalmus maximus revealed by foodomics [J]. Aquaculture, 2023, 572: 739513.

[66] Xu T Y, Li Y X, Tian Y Y, et al. Effects of post-harvest hypoxic stress on post-landing recovery of live scallops (*Mizuhopecten yessoensis*) revealed by untargeted metabolomics based on UPLC-Q-TOF-MS [J]. Food Control, 2021, 123: 106671.

[67] 熊善柏．水产品保鲜储运与检验 [M]. 北京：化学工业出版社，2007.

[68] 陈山乔．基于代谢组学的水产品物流相关技术研究 [D]. 上海：上海海洋大学，2016.

[69] Li R, Sun Z, Zhao Y, et al. Application of UHPLC-Q-TOF-MS/MS metabolomics approach to investigate the taste and nutrition changes in tilapia fillets treated with different thermal processing methods [J]. Food Chemistry, 2021, 356: 129737

[70] Clũach J, Pasdois P, Marchetti P, et al. Mitochondrial activity as an indicator of fish freshness [J]. Food Chemistry, 2019, 287: 38-45.

[71] Taylor R G, Fjaera S O, Skjervold P O. Salmon fillet texture is determined by myofiber-myofiber and myofiber-myocom-mata attachment [J]. Journal of Food Science, 2002, 67 (6): 2067-2071.

[72] Parsons M J, Green D R. Mitochondria in cell death [J]. Essays in Biochemistry, 2010, 47: 99-114.

[73] Clũach J, Soret M, Grard T, et al. Assessment of fish freshness based on fluorescence measurement of mitochondrial membrane potential [J]. Food Control, 2020, 115: 107301.

[74] 姜明慧，田元勇，袁春红，等．虾夷扇贝闭壳肌冰藏过程微观结构及理化特性变化 [C] //中国食品科学技术学会第十六届年会暨第十届中美食品业高层论坛．武汉：中国食品科学技术学会，2019.

[75] Mandelbrot B B. Fractals: form, chance and dimension [M]. San Francisco: Freeman, 1977.

[76] Hagiwara T, Hayashi R, Suzuki T, et al. Fractal analysis of ice crystals in frozen fish meat [J]. Japan Journal of Food Engineering, 2003, 4 (1): 11-17.

[77] Luan L L, Sun Y S, Chen S G, et al. A study of fractal dimension as a quality indicator of hairtail (*Trichiurus haumela*) samples during frozen storage [J]. Scientific Reports, 2018, 8 (1): 16468.

第三章　水产品风味品质调控机制

水产原料过去以天然捕捞为主，受经济和技术等制约，渔获物鲜度品质整体较差。20世纪50年代后，借助感官科学、物理化学以及微生物学等手段，渔业发达国家的系统研究主要围绕捕后腐败控制开展。随着社会经济的发展，水产品传统鲜度控制体系已经无法满足不断增长的高品质需求，除了对极限品质的追求，品质的内涵不断被拓宽，可持续性以及动物伦理等也不断注入品质调控范畴。

第一节　基于肌肉变化的传统鲜度调控机制

水产品鲜度研究主要起源于工业化捕捞品种，主要为经济海水鱼类。鱼体死后肌肉中会发生一系列与活体时不同的微生物和生物化学的变化，整个过程可以分为初期生化变化和僵直、解僵自溶和细菌腐败三个阶段[1]。组织蛋白酶、丝氨酸蛋白酶、胶原酶和钙蛋白酶被认为是导致鱼软化主要的酶[2]。典型的鱼肉品质下降现象是肌节出现肌裂[3]。肌肉稳定性是研究鱼品品质的重要切入点，大量研究针对肌裂现象开展品质调控探索，从研究品种、原料生产方式、国家地区及主要结果对有关参考文献进行了系统归纳总结（表3-1）。鱼种与季节是重要的客观影响因素，鱼肌肉的稳定性受到品种的制约，针对不同品种产生的肌裂现象已有大量的研究报道，按肌裂易裂开的递减顺序排列为黑线鳕（*Melanogrammus aeglefinus*）、鳕鱼、绿青鳕（*Gadus pollachius*）、牙鳕（*G. merlangus*）、鲑鱼、大比目鱼（*Hippoglossusstenolepis*）、小头油鲽（*Microstomus kitt*）和鲽鱼[4]。鱼肉的肌裂现象随季节变化，人工养殖的鲑鱼在夏季收获时比冬季更容易产生肌裂，这是因为在春季恢复进食后，鲑鱼肌肉化学成分发生了变化[5]。小鳕鱼比大鳕鱼更易产生肌裂，在夏季和秋季明显可见[6]。此外鱼肉肌裂还受到主观因素的影响即死前应激和处置温度。鱼片肌裂和柔软最公认的原因是屠宰前和屠宰时的处理导致应激水平的增加[7]。Robb 等[8] 研究了屠宰前肌肉活动对虹鳟（*Oncorhynchus mykiss*）肌裂变化的影响，结果发现鱼的肌裂受处理方式的显著影响。Kiessling 等[9] 研究了异丁香酚或二氧化碳麻醉对冰鲜的大西洋鲑肌裂的影响，未观察到两种麻醉方案在肌裂上的差异。原条鱼在僵直期间的肌肉收缩可能是导致肌裂的原因。随着处置温度升高，肌肉收缩变得更强，结缔组织变得更弱，最终导致鱼片产生肌裂[10]。在大西洋鳕（*Gadus morhua*）中，当温度达到 17℃时，会不可避免地出现肌裂，可能是因为结缔组织的退化和高温造成的肌肉的迅速收缩[11]。Love 等[5] 评估了不同温度下虹鳟尸体僵直对肌裂的影响，设置 26~36℃的四种温度，对每尾鱼的肌裂程度进行评估，同样得到鳟鱼在 35℃或以上的温度下在僵直后产生最大的肌裂。

表 3-1　基于肌肉肌裂评价的鲜度影响因素

影响因素	品种	生产方式	国家	致死条件/处置温度	肌肉品质稳定性	年份（年）	参考文献
鱼种	商业品种	—	英国	—	肌肉不稳定性：黑线鳕>鳕鱼>绿青鳕>牙鳕>鲑鱼>大比目鱼>小头油鲽>鲽鱼	1969—1988	[4]
季节	大西洋鲑（*Salmosalar*）	人工养殖	英国/挪威	—	春季和夏季的鱼片肌裂比秋季和季要大	1988/2001	[5，12]
	大西洋鳕（*G. morhua*）	天然捕捞	英国	—	小鳕鱼比大鳕鱼更容易产生肌裂，在夏季和秋季明显可见	1972	[6]
致死应激	虹鳟（*O. mykiss*）	人工养殖	英国	电刺激	导致更严重的肌裂	2000	[13]
	大西洋鲑（*S. salar*）	天然捕捞	挪威	电刺激	导致更高的肌裂分数	2006	[7]
	大西洋鲑（*S. salar*）	人工养殖	挪威	异丁香酚或二氧化碳麻醉	两种方案对鱼的肌裂无差异	2004	[9]
处置温度	大西洋鳕（*G. morhua*）	天然捕捞	挪威	17℃	当温度达到 17℃时，会出现肌裂	2003	[11]
	虹鳟（*O. mykiss*）	人工养殖	英国	26~36℃	35℃或以上产生最大肌裂	1988	[5]

第二节　基于动物福利的鲜活品质研究

家畜禽的动物福利与肉类产品品质密不可分。动物致死时，死前处于应激条件下和不当的致死方式都不可避免地与一定程度的应激有关[14]。这些应激会引起生化反应，从而影响被屠宰动物的肉的质量，如快速消耗糖原和三磷酸腺苷储备以及随后产生的乳酸和死后肌肉 pH 的降低[15]。在鱼类中，基于动物福利原则，减少死前的应激可以延迟僵直的发生，可以对鱼类肌肉品质进行调控。Nathanailides 等[16] 研究应激对河鲈（*Perca fluviatilis*）死后肌肉 pH 和僵直的影响，结果发现死前应激导致肌肉 pH 的迅速下降和僵直的发生，减少捕获过程中的处理应激可以提高河鲈鱼片的质量。欧洲鲈鱼和海鲷屠宰前的拥挤应激也可以导致僵直和解僵的快速发生，对鱼类福利和最终产品的品质产生负面影响[15]。衣鸿莉等[17] 研究了养殖大菱鲆死前应激状态对肌肉代谢与品质的影响，结果发现，离水即刻速杀冰藏处置的锁鲜品相对于市售大菱鲆具有优越的肌肉品质，捕后暂养处置能有效降低大菱鲆采捕运输产生疲劳应激导致的产品品质劣变。Hultmann 等[18] 研究了屠宰前应激源的叠加对养殖大西洋鳕肌肉品质的影响，研究发现，受应激刺激的大西洋鳕的持水能力明显下降，硬度降低，鱼肉颜色变黄。应激相关的鱼肉软化主要与组织蛋白酶 B 和 L 活性的增加有关，因为鱼体内的应激通常表现为较低的初始 pH，这往往更接近这些酶的最佳 pH 范围[19]。此外，鱼的致死方式包括缺氧、敲击、休克麻醉及电击等。常规的鱼类商业宰杀方式选择多以可操作性和降低成本为主，最理想的人道处死方式是使活体快速失去知觉，最大限度降低死前应激从而减少痛苦。针对产业实际操作和研究探讨的鱼体宰杀方式，表 3-2 对相关研究文献进行了系统总结。

表 3-2　养殖鱼类致死方法与动物福利

机制	品种	操作	优势	缺点	参考文献
窒息	虹鳟、大泷六线鱼	离水后暴露于空气	成本低，操作简单	强烈应激，鱼品品质差	[20, 21]
	虹鳟 鲈、鲑	置于不同比例的冰水混合物	鱼体中心温度降低，减少鱼片裂痕，延长产品货架期	窒息时间长，延长痛苦时间	[22-24]

续表

机制	品种	操作	优势	缺点	参考文献
致昏	鲑、虹鳟、鳗、鳕	饱和二氧化碳水浴	麻醉效果较好，适用范围广泛	导致鳃出血，有黏液产生	[25]
	鲑	通过木棍或其他坚硬物体直击鱼头部致晕	操作简单，击晕效果较好	人工操作降低准确性和动物福利	[26]
	鲑、虹鳟	鱼头部通入适当电流	普遍常用的人道屠宰方法	强烈的挣扎行为，导致肌肉淤血及脊柱断裂	[27，28]
断髓	鲑、大菱鲆、大泷六线鱼、红鳍东方鲀	通过头部插入尖锐刀具，对脑部和脊髓形成损伤	最快、应激最小的宰杀方法之一	不适合批量处理小型鱼类	[21，29-31]
破髓	褐牙鲆、许氏平鲉、日本竹荚鱼	通过钢丝线插入鱼骨髓，快速抽插破坏鱼骨髓	快速死亡，福利状况最佳	准确性较低，操作困难	[32-34]

第三节 基于鱼类死后处置的品质调控

鱼体死后鲜度极其容易下降致使鲜品价值迅速跌落，故鱼体死后的处置对鱼体品质控制十分重要。新鲜食品的保质期和质量主要取决于保存温度。保藏的常用方法包括0~4℃的冷鲜保藏和-40~-18℃的冷冻保藏[35]，但冷鲜产品比冷冻产品更具有优势。保存常用的冰下或低温下储存是一种实用和经济的方法，可以在储存期短的情况下延缓鱼肌肉的退化。然而，冷藏产品的货架期限制了供应分销链，同时限制了冷鲜肉类的产品种类和市场渗透[36]。过冷是一种新兴的技术，过冷保藏意味着贮藏温度处于冷鲜和冷冻的临界状态之间。近20年养殖、捕捞鱼离水处置方法对鱼类品质调控机理的研究见表3-3。

表 3-3 鱼类致死后品质调控机理的研究

品种	生产方式	国家	方法	结果	年份（年）	参考文献
大西洋鲑（*S. sala*）	人工养殖	挪威	过冷-2℃结合气调包装	在24d的贮藏条件下，过冷和气调包装的组合几乎完全抑制了细菌的生长	2003	[37]
沙丁鱼（*Sardina pilchardus*）	天然捕捞	西班牙	流化冰片状冰	流化冰进行冷却对沙丁鱼脂质损伤产生了抑制作用	2004	[38]
欧洲鳕鱼（*Merluccius merluccius*）	天然捕捞	西班牙	流化冰片状冰	流化冰的货架期比片状冰的货架期高	2004	[39]
鱿鱼（*Loligo edulis*）	天然捕捞	日本	过冷-2℃	过冷能延长鱿鱼的保存时间，并能较好地保持鱿鱼的品质	2005	[40]
大西洋鳕（*G. morhua*）	天然捕捞	冰岛	过冷-1.5℃	过冷技术可以抑制微生物生长，延长货架期	2006	[41]
大西洋鲑（*S. sala*）	人工养殖	挪威	过冷-1℃	过冷技术相较于冷冻贮藏而言，可以最大限度地减少大西洋鲑鱼的生化降解、蛋白质变性和结构损伤	2007	[35]
北极鲑（*Salvelinus alpinus*）	人工养殖	冰岛	干冰过冷-2℃	在过冷贮藏过程中使用干冰可以延长货架期	2007	[42]
大西洋鲑（*S. sala*）	人工养殖	挪威	过冷-1.5℃	过冷似乎在鱼片的上层形成细胞内和细胞外的冰晶，并防止肌纤维收缩	2008	[43]
大西洋鲑（*S. sala*）	人工养殖	挪威	过冷-1.7℃	更小的冰晶形成是由于僵直前大西洋鲑过冷过程中更快	2013	[44]
草鱼（*Ctenopharyngodon idella*）	人工养殖	中国	过冷-1.5℃	过冷在延缓胶原蛋白降解方面更有效，但是鱼片的质地并不明显优于冰藏的鱼片	2015	[45]

续表

品种	生产方式	国家	方法	结果	年份（年）	参考文献
带鱼（*Trichiurus haumela*）	天然捕捞	中国	冷藏 4℃ 微冻贮藏-3℃	冻藏方式下带鱼品质最好，其次为微冻保鲜，冷藏条件下带鱼品质下降最快	2016	[46]
大西洋鲑（*S. sala*）	人工养殖	挪威	过冷-1.7℃	在过冷样品的顶部和中心部分没有发现显著的生化变化	2018	[47]
大菱鲆（*Scophthalmus maximus*）	人工养殖	中国	过冷-1.3℃结合气调包装	过冷和气调包装的结合保持了较好的理化结果、风味品质和感官评价结果，减缓了大菱鲆腐败的速率	2020	[48]
大西洋鳕（*G. morhua*）	人工养殖	丹麦	过冷-1.7℃结合气调包装	在贮藏过程中，过冷和气调包装联用抑制了微生物的生长和 TVN 的形成	2020	[49]

参考文献

[1] 沈月新. 水产食品学［M］. 北京：中国农业出版社，2001：71-77.

[2] Yang F，Rustad T，Xu Y S，et al. Endogenous proteolytic enzymes-A study of their impact on cod（*Gadus morhua*）muscle proteins and textural properties in a fermented product［J］. Food Chemistry，2015，172：551-558.

[3] Fennema O R. food chemistry. 3rd ed［J］. Food science and technology（USA），1996.

[4] Loye R M. Gaping of Fillets［EB/OL］. 2001，［2020-08-24］.

[5] Love R M. Robertson I. The connective tissues of fish［J］. International Journal of Food Science & Technology，1968，3（3）：215-221.

[6] Love R M，Haq M A，Smith G L. The connective tissues of fish. V. Gaping in cod of different sizes as influenced by a seasonal variation in the ultimate pH［J］. International Journal of Food Science & Technology，1972，7（3）：281-290.

[7] Roth B，Slinde E，Arildsen J. Pre or post mortem muscle activity in Atlantic salmon（*Salmo salar*）. The effect on rigor mortis and the physical properties of flesh［J］. Aquaculture，2006，257（1/2/3/4）：504-510.

[8] Robb D H F, Kestin S C, Warriss P D. Muscle activity at slaughter: I. Changes in flesh colour and gaping in rainbow trout [J]. Aquaculture, 2000, 182 (3/4): 261-269.

[9] Kiessling A, Espe M, Ruohonen K, et al. Texture, gaping and colour of fresh and frozen Atlantic salmon flesh as affected by pre-slaughter Iso-eugenol or CO_2 anaesthesia [J]. Aquaculture, 2004, 236 (1/2/3/4): 645-657.

[10] Lavéty J. Gaping in Farmed Salmon and Trout [EB/OL]. 2001, [2020-08-24].

[11] Lødemel J B, Olsen R L. Gelatinolytic activities in muscle of Atlantic cod (*Gadus morhua*), spotted wolffish (*Anarhichas minor*) and Atlantic salmon (*Salmo salar*) [J]. Journal of the Science of Food and Agriculture, 2003, 83 (10): 1031-1036.

[12] Mørkøre T, Rørvik K A. Seasonal variations in growth, feed utilisation and product quality of farmed Atlantic salmon (*Salmo salar*) transferred to seawater as 0+smolts or 1+smolts [J]. Aquaculture, 2001, 199 (1/2): 145-157.

[13] Robb D H F, Kestin S C, Warriss P D, et al. Muscle lipid content determines the eating quality of smoked and cooked Atlantic salmon (*Salmo salar*) [J]. Aquaculture, 2002, 205 (3/4): 345-358.

[14] Thomas P M, Pankhurst N W, Bremner H A. The effect of stress and exercise on post-mortem biochemistry of Atlantic salmon and rainbow trout [J]. Journal of Fish Biology, 1999, 54 (6): 1177-1196.

[15] Bagni M, Civitareale C, Priori A, et al. Pre-slaughter crowding stress and killing procedures affecting quality and welfare in sea bass (*Dicentrarchus labrax*) and seabream (*Sparus aurata*) [J]. Aquaculture, 2007, 263 (1/2/3/4): 52-60.

[16] Nathanailides C, Panopoulos S, Kakali F, et al. Antemortem and postmortem biochemistry, drip loss and lipid oxidation of European sea bass muscle tissue [J]. Procedia Food Science, 2011, 1: 1099-1104.

[17] 衣鸿莉，刘俊荣，王选飞，等．养殖大菱鲆死前应激状态对肌肉代谢与品质的影响 [J]．大连海洋大学学报，2020，35 (4)：570-576.

[18] Hultmann L, Phu T M, Tobiassen T, et al. Effects of pre-slaughter stress on proteolytic enzyme activities and muscle quality of farmed Atlantic cod (*Gadus morhua*) [J]. Food Chemistry, 2012, 134 (3): 1399-1408.

[19] Daskalova A. Farmed fish welfare: stress, post-mortem muscle metabolism, and stress-related meat quality changes [J]. International Aquatic Research, 2019, 11 (2): 113-124.

[20] Duran A, Erdemli U, Karakaya M, et al. Effects of slaughter methods on physical, biochemical and microbiological quality of rainbow trout Oncorhynchus mykiss and mirror carp Cyprinus carpio filleted in pre-, in-or post-rigor periods [J]. Fisheries Science, 2008, 74

(5): 1146-1156.
[21] 刘悦朋，刘俊荣，蔡琰，等．排血对大泷六线鱼的锁鲜增强效应［J］．大连海洋大学学报，2022，37 (4): 668-675.
[22] Parisi G, Mecatti M, Lupi P. et al. Comparison of five slaughter methods for European sea bass. Changes in isometric contraction force and pH during the first 24 hours post mortem [J]. Special Publication, 2002 (32): 417-418.
[23] Skjervold P O, Fjæra S O, Østby P B, et al. Live-chilling and crowding stress before slaughter of Atlantic salmon (*Salmo salar*) [J]. Aquaculture, 2001, 192 (2-4): 265-280.
[24] Gräns A, Niklasson L, Sandblom E, et al. Stunning fish with CO_2 or electricity: Contradictory results on behavioural and physiological stress responses [J]. Animal, 2016, 10 (2): 294-301.
[25] Southgate P, Wall T. Welfare of farmed fish at slaughter [J]. In Practice, 2001, 23 (5): 277-284.
[26] Poli B M, Parisi G, Scappini F, et al. Fish welfare and quality as affected by pre-slaughter and slaughter management [J]. Aquaculture International, 2005, 13 (1-2): 29-49.
[27] Robb D H F, O'Callaghan M, Lines J A, et al. Electrical stunning of rainbow trout (*Oncorhynchus mykiss*): Factors that affect stun duration [J]. Aquaculture, 2002, 205 (3-4): 359-371.
[28] Lines J, Kestin S. Electric stunning of trout: Power reduction using a two-stage stun [J]. Aquacultural Engineering, 2005, 32 (3-4): 483-491.
[29] Lambooij E, van de Vis J W, Kloosterboer R J, et al. Welfare aspects of live chilling and freezing of farmed eel (*Anguilla anguilla* L.): Neurological and behavioural assessment [J]. Aquaculture, 2002, 210 (1-4): 159-169.
[30] 衣鸿莉，刘俊荣，王选飞，等．养殖大菱鲆死前应激状态对肌肉代谢与品质的影响［J］．大连海洋大学学报，2020，35 (4): 570-576.
[31] 冷寒冰，刘俊荣，徐美禄，等．红鳍东方鲀死后僵直及生化变化特性［J］．水产学报，2020，44 (1): 156-165.
[32] 周进，刘俊荣，赵前，等．养殖褐牙鲆的极限品质及锁鲜调控［J］．水产学报，2022，46 (7): 1167-1177.
[33] 赵前，刘俊荣，周进，等．致死胁迫对许氏平鲉锁鲜效果的影响［J］．水产学报，2021，45 (7): 1043-1053.
[34] Jiang T, Yuan P X, Hirasaka K, et al. The effect of blood deposition on the degradation of the connective tissue of the yellowtail Seriola quinqueradiata during storage [J]. Fisheries Sci-

ence, 2019, 85 (6): 1099-1107.

[35] Gallart - Jornet L, Rustad T, Barat J M, et al. Effect of superchilled storage on the freshness and salting behaviour of Atlantic salmon (*Salmo salar*) fillets [J]. Food Chemistry, 2007, 103 (4): 1268-1281.

[36] Hoang H M, Brown T, Indergard E, et al. Life cycle assessment of salmon cold chains: comparison between chilling and superchilling technologies [J]. Journal of Cleaner Production, 2016, 126: 363-372.

[37] Sivertsvik M, Rosnes J T, Kleiberg G H. Effect of modified atmosphere packaging and superchilled storage on the microbial and sensory quality of Atlantic salmon (*Salmo salar*) fillets [J]. Journal of Food Science, 2003, 68 (4): 1467-1472.

[38] Losada V, Barros-Velázquez J, Gallardo J M, et al. Effect of advanced chilling methods on lipid damage during sardine (*Sardina pilchardus*) storage [J]. European Journal of Lipid Science and Technology, 2004, 106 (12): 844-850.

[39] Losada V, Piñeiro C, Barros-Velázquez J, et al. Effect of slurry ice on chemical changes related to quality loss during European Hake (*Merluccius merluccius*) chilled storage [J]. European Food Research and Technology, 2004, 219 (1): 27-31.

[40] Ando M, Takenaga E, Hamase S, et al. Effect of super - chilling storage on maintenance of quality and freshness of swordtip squid Loligo edulis [J]. Food Science and Technology Research, 2005, 11 (3): 355-361.

[41] Olafsdottir G, Lauzon H L, Martinsdóttir E, et al. Evaluation of shelf life of superchilled cod (*Gadus morhua*) fillets and the influence of temperature fluctuations during storage on microbial and chemical quality indicators [J]. Journal of Food Science, 2006, 71 (2): S97-S109.

[42] Bao H N D, Arason S, Þórarinsdóttir K A. Effects of dry ice and superchilling on quality and shelflife of arctic charr (*Salvelinus alpinus*) fillets [J]. International Journal of Food Engineering, 2007, 3 (3): 1556-3758.

[43] Bahuaud D, Mørkøre T, Langsrud Ø, et al. Effects of −1.5℃ Super-chilling on quality of Atlantic salmon (*Salmo salar*) pre - rigor Fillets: Cathepsin activity, muscle histology, texture and liquid leakage [J]. Food Chemistry, 2008, 111 (2): 329-339.

[44] Kaale L D, Eikevik T M, Rustad T, et al. Ice crystal development in pre-rigor Atlantic salmon fillets during superchilling process and following storage [J]. Food Control, 2013, 31 (2): 491-498.

[45] Jiang X Q, Xu Y S, Ge L H, et al. The impact of collagen on softening of grass carp (*Ctenopharyngodon Idella*) fillets stored under superchilled and ice storage [J]. International Jour-

nal of Food Science & Technology, 2015, 50 (11): 2427-2435.

[46] 胡玥，杨水兵，余海霞，等．微冻保鲜方法对带鱼品质及组织结构的影响［J］．食品科学，2016，37（18）：290-297.

[47] Lilian D K, Trude J, Turid R. Biochemical changes in superchilled storage ofsalmon (*Salmo salar*) fillets [J]. African Journal of Food Science, 2018, 12 (7): 180-187.

[48] Mei J, Liu F, Fang S Y, et al. High-CO_2 modified atmosphere packaging with superchilling (-1.3℃) inhibit biochemical and flavor changes in turbot (*Scophthalmus maximus*) during storage [J]. Molecules, 2020, 25 (12): 2826.

[49] Sørensen J S, Bøknæs N, Mejlholm O, et al. Superchilling in combination with modified atmosphere packaging resulted in long shelf-life and limited microbial growth in Atlantic cod (*Gadus morhua* L.) from capture-based-aquaculture in Greenland [J]. Food Microbiology, 2020, 88: 103405.

第四章　品质易逝期
——水产品质的“摇篮”

鱼贝类从采捕离水进入流通环节开始，肌肉中会发生一系列生物化学的变化，导致鲜度极其容易下降。作者团队十余年来一直致力于探索优势养殖水产品的“极限品质”，即原料理论上应具有的品质上限（健康活体、最大限度降低死前应激），并从评价体系及调控机理两个方面开展了系列研究，研究对象为优势海水养殖品种，包括海水养殖贝类［虾夷扇贝（*Mizuhopecten yessoensis*）、菲律宾蛤仔（*Ruditapes philippinarum*）］和海水养殖鱼类［红鳍东方鲀（*Takifugu rubripes*）、大菱鲆（*Scophthalmus maximus*）、褐牙鲆（*Paralichthys olivaceus*）、许氏平鲉（*Sebastes schlegelii*）、大泷六线鱼（*Hexagrammos otakii*）］等，取得了许多有价值的发现。基于多年研究发现和积累，刘俊荣教授先后提出了“品质易逝期”（离水初期是水产品品质的摇篮亦即品质易逝期）、“易逝期的延迟效应”（流通销售环节的品质问题往往可追溯到易逝期的处置）、“极限品质”（理论上限品质）和“锁鲜”（通过调控方法延迟鲜度下降）等新型概念或理念。基于品质解读演变，从传统所谓“新鲜 fresh”到“鲜活 sushi-grade”，无论是基础研究还是终端产品都是一次质的飞跃。

第一节　贝类品质易逝期的探索

活品贝类的商业流通主要包括采捕、净化、运输和销售 4 个环节，各环节所面临的露空、温变、震荡及高氨氮等胁迫因素影响到其生理状态，进一步引起其风味品质的变化。通过追踪研究模拟流通条件下活品底播虾夷扇贝的感官特性和生理代谢特性变化发现，采捕后早期的环境胁迫对活品虾夷扇贝的风味品质有影响，并且在活品流通过程中风味品质整体呈下降趋势。流通链初期，采捕后的剧烈胁迫导致风味品质短暂下降，感官分析出现了苦味、酸味等非愉悦描述词；流通链中期，逐渐适应并处于比较稳定的净化环境条件，风味品质得到恢复，风味特征主要体现在甜味、鲜味、海鲜味等愉悦描述词方面；流通链后期，苦味及酸味等非愉悦描述词再次出现。理化指标的分析结果表明，活品流通过程中扇贝的生命状态整体上呈下降趋势[1]。

团队经过多年贝类捕后品质变化研究发现，将贝类海上采捕离水至陆基净化加工前这一捕后早期定义为品质易逝期（quality determination period，QDP）阶段，该阶段处置密切影响到后续净化加工及流通过程亦即后品质易逝期（post quality determination period，P-QDP）的品质变化与控制（图 4-1）。针对菲律宾蛤仔的研究表明，品质易逝期内可容忍的干露期限在冷却条件下是 2d 左右，该阶段的干露暂存或运输不会影响后续的活品净化，且无论是干藏还是湿藏均具有 7d 的活品货架期[2]。针对品质易逝期应激胁迫与活品虾夷扇贝的活力品质的研究表明，缺氧胁迫使活品虾夷扇贝的活力品质降低，36h 的低温干露不会对虾夷扇贝的活力和品质产生不可挽回的影响，后期复水 3d 后其活力品质有所恢复；碰击胁迫使活品虾夷扇贝的活力品质降低，且后品质易逝期复水后不可恢复。品质易逝期的应激胁迫程度越高，贝类活力品质越差[3]。此外，品质易逝期应激胁迫能够影响活品贝类肌肉代谢，缺氧胁迫主要使虾夷扇贝磷酸戊糖途径，乙醛酸和二羧酸代谢、不饱和脂肪酸合成受到干扰[4]；碰击胁迫主要使虾夷扇贝氨基酸生物合成、半胱氨酸和蛋氨酸代谢受到干扰[5]。鉴于贝类胁迫应激下活力受损导致的品质劣化，针对品质易逝期的胁迫进行“束缚”调控，结果发现，在活品虾夷扇贝流通过程中束缚处理使扇贝处于“休眠”状态可有效控制扇贝能量消耗，能够适用于长时间运输；且束缚的时间节点非常重要，早期束缚更有利于维持扇贝活力和品质[6]。

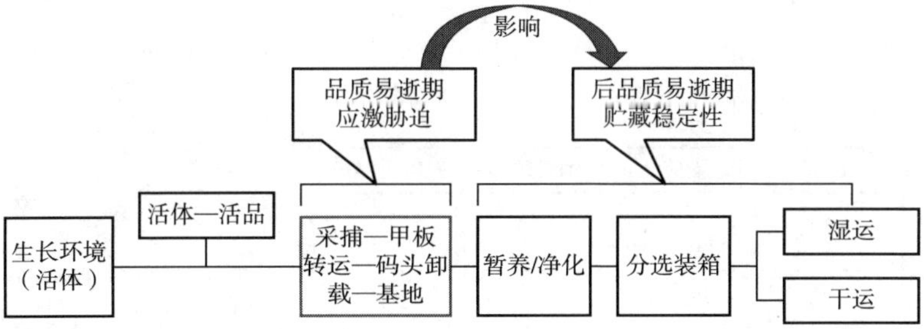

图 4-1　海水养殖贝类供应链流程中品质易逝期处置对活品品质的影响

第二节　鱼类品质易逝期的探索

活鱼是我国最具特色的传统消费模式，然而活鱼运输对装备和技术的投入要求较高，是一种高碳排、高成本的流通模式。在活体运输时由于考虑运输成本，可能会因溶氧量减少、运输密度过大和水质恶化等因素积累导致鱼体过度疲劳甚至濒临死亡。这也造成了海鲜市场上的鱼类“活而不鲜”的现象。我国经济鱼类捕捞离水后多以初级农产品进行售卖，长期以来处于被动分销。而活品在售卖过程中产生死亡品而被迫以鲜品形式售卖，无论品质还是价格均大打折扣。屠宰前和屠宰时的胁迫会耗尽了肌肉能量，降低肌肉的 pH，加速僵直的发生[7]。以上均说明我国现有市场海鲜的品质仍具有很大的提升空间。

针对养殖鱼类捕后品质易逝期设计的锁鲜产品可以较好解决上述问题，通过源头锁鲜提高资源附加值。我们模拟冷鲜产品处置与流通进行研究设计，将养殖鱼类离水后分两个阶段进行品质解读，屠宰及死后处置环节为品质易逝期（QDP），冷藏流通过程为后易逝期（P-QDP）（图 4-2）。衣鸿莉等[8] 的研究表明，捕后暂养处置能有效降低大菱鲆采捕运输产生疲劳应激导致的产品品质劣变。周进等[9]、赵前等[10] 通过对褐牙鲆和许氏平鲉的致死方式与鱼肉冷藏稳定性研究表明，品质易逝期的破髓处置可以最大限度地使产品接近品质上限，延缓品质下降；刘悦朋等[11] 探索品质易逝期的排血处置对大泷六线鱼锁鲜效果的增强效应，结果表明常温水处置能够有效促进鱼体排血，且在冷藏稳定性和感官品质等均呈显著的锁鲜增强效应。冷寒冰等[12] 以养殖红鳍东方鲀为研究对象，发现易逝期对鱼体冷却处置可以延缓肌肉细胞结构瓦解，对鱼品品质具有明显的“锁鲜”效果。针对大菱鲆锁鲜机制的研究发现，死后冷却处置使肌肉中 3-磷酸甘油、二羟丙酮-磷酸和 L-肉碱含量上调，丙二醛、二甲糖和 D-核糖含量下调[13]。

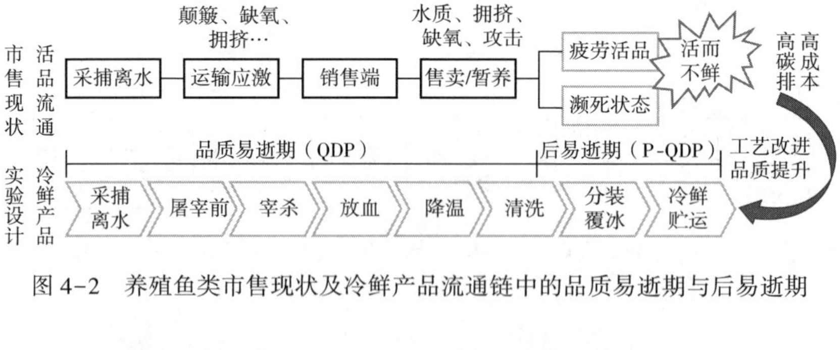

图 4-2　养殖鱼类市售现状及冷鲜产品流通链中的品质易逝期与后易逝期

第三节　品质易逝期的意义

水产品质易逝期可以看作是水产品质的摇篮期。目前，品质易逝期的处置尚未引起行业足够重视，相比于养殖阶段的生命科学领域和加工阶段的食品科学领域，该阶段的研究处于边缘化，相关基础理论也存在较大盲区。品质易逝期理论的完善，包括全方位解读养殖活体原料的原生“极限品质”，如商品规格的健康养殖成体应呈现的天然美味属性，探索极限品质的特征性参数指标，建立评价分析技术体系，实现有针对性的品质调控措施。纵观水产品流通链，无论是活品、鲜品、冻品还是加工品，针对水产原料源头的锁鲜都是至关重要的（图 4-3）。通过系统性基础研究，探索品种针对性的易逝期锁鲜机理和控制技术，可推动我国水产品品质提升、品牌打造，进一步推进我国渔业现代化建设与产业升级。

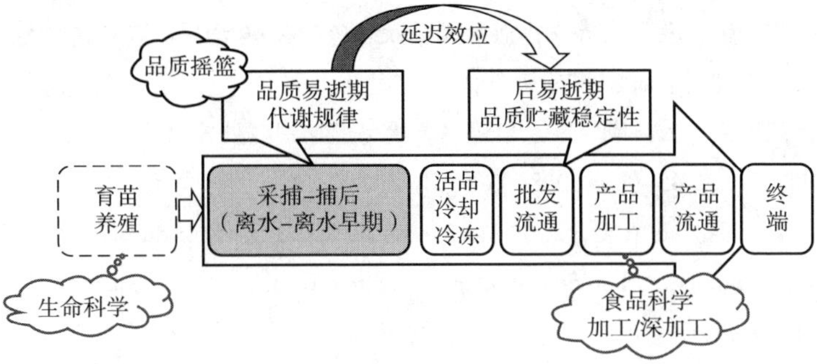

图 4-3　海水养殖鱼贝类供应链流程中品质易逝期处置对后易逝期贮藏稳定性的影响

参考文献

[1] 杨婷婷，刘俊荣，俞微微，等．活品流通过程中虾夷扇贝风味品质的变化［J］．水产学报，2015，39（1）：136-146.

[2] 刘慧慧，刘俊荣，田元勇，等．易逝期干露对菲律宾蛤仔活品净化及贮藏特性的影响［J］．大连海洋大学学报，2019，34（1）：109-118.

[3] 李亚烜，刘俊荣，刘洋，等．易逝期胁迫强度对虾夷扇贝活力可恢复性的影响［J］．大连海洋大学学报，2020，35（5）：733-740.

[4] Xu T Y，Li Y X，Tian Y Y，et al. Effects of post-harvest hypoxic stress on post-landing recovery of live scallops（*Mizuhopecten yessoensis*）revealed by untargeted metabolomics based on UPLC-Q-TOF-MS［J］. Food Control，123，10767.

[5] Tian Y Y，Xu T Y，Li Y X，et al. An untargeted LC-MS metabolomics approach to the metabolic profiles of bottom cultured scallops（*Mizuhopecten yessoensis*）subjected to mechanical shock in early post-harvest handling［J］. Aquaculture. 2021，533，736061.

[6] 李亚烜，刘俊荣，周进，等．基于束缚的胁迫调控对潜水采捕虾夷扇贝活品贮运稳定性的影响 [J]. 水产学报，2022，46 (4)：605-615.

[7] Poli B M, Parisi G, Scappini F, et al. Fish welfare and quality as affected by pre-slaughter and slaughter management [J]. Aquaculture international, 2005, 13 (1): 29-49.

[8] 衣鸿莉，刘俊荣，王选飞，等．养殖大菱鲆死前应激状态对肌肉代谢与品质的影响 [J]. 大连海洋大学学报，2020，35 (4)：570-576.

[9] 周进，刘俊荣，赵前，等．养殖褐牙鲆的极限品质及锁鲜调控 [J]. 水产学报，2022，46 (7)：1167-1177.

[10] 赵前，刘俊荣，周进，等．致死胁迫对许氏平鲉锁鲜效果的影响 [J]. 水产学报，2021，45 (7)：1043-1053.

[11] 刘悦朋，刘俊荣，蔡琰，等．排血对大泷六线鱼的锁鲜增强效应 [J]. 大连海洋大学学报，2022，37 (4)：668-675.

[12] 冷寒冰，刘俊荣，衣鸿莉，等．红鳍东方鲀易逝期锁鲜处置对冰藏品质的延迟效应 [J]. 水产学报，2021，45 (6)：958-970.

[13] Xu T Y, Yi H L, Liu Y P, et al. Mechanism of freshness-lock during the quality determination period of farmed turbot Scophthalmus maximus revealed by foodomics [J]. Aquaculture, 2023, 572, 739513.

第五章　贝类研究实例

第一节　贝类感官评价体系的建立

在海产品的销售过程中，感官特性是影响消费者接受程度的最重要因素。描述性感官分析是客观评价活品虾夷扇贝各个感官属性的重要方法。其中，描述词表和感官评价小组的建立是描述性感官分析中至关重要的一步。描述词表的确定有多种形式，如共识法、独立评分法和多元分析法。由于目前尚无系统的贝类感官评价描述词可参考，因此需要以类似头脑风暴（brainstorming）的方式征集所有可能用于描述该产品属性的词汇，并用多元统计方法将众多描述词转化为较少的、代表性强的描述词，建立感官描述词表。

一、活品虾夷扇贝感官评价方法的建立

（一）感官表述词的征集

1. 感官评价小组的建立

在填表的98位同学中找出符合条件的感官评价候选人40位。对40位候选评价员进行色彩辨认考核，结果表明，40位候选评价员均能快速正确说出《色觉检查图》中的几何图案；在菌状乳突数量测定考核中，各候选人舌部菌状乳突数量在6~45个，按照A（>40个）、B（20~40个）、C（10~20个）、D（<10个）给各位候选评价员分配相应级别；在之后进行的味觉敏感度测试中，达到优选评价员要求的人数分别为匹配检验（≥80%）17人、三点检验（100%）20人、排序检验（≥75%）18人、描述能力检验（≥65%）17人。

综合上述考核结果，按照优劣筛选出12位评价员，构建了虾夷扇贝感官评价小组，见表5-1。

表 5-1　活品虾夷扇贝优选评价员档案

编号	性别	年龄	调查表	色彩	菌状乳突	匹配检验	三点检验	排序检验	描述能力
1	女	21	合格	A	A	100%	100%	75%	65%
2	女	22	合格	A	A	80%	100%	100%	100%
…	…	…	…	…	…	…	…	…	…
12	女	21	合格	A	A	80%	75%	100%	65%

2. 感官描述词征集

针对不同虾夷扇贝样品，征集得到 153 个感官描述词，见表 5-2。其中，用于描述色泽的词汇有 29 个，气味 46 个，滋味 31 个，质地 25 个，后味 20 个。从数量上看，气味和滋味描述词较多，这可能是由于此两种感官属性呈味效果比较复杂，具有多种感官特性；也可能由于感官评价员之间尚存在感官认知或描述方式上的差异。针对此情况，感官评价小组通过多次品尝和小组讨论达成了感官认知和描述方式上的共识。

表 5-2　最初得到的 151 个感官描述词

属性	描述词语
色泽	暗淡，有光泽，力士洗发水（光泽），米白，奶白色，灰白，乳白色，象牙白，杏黄，淡黄，鳕鱼肉，奶糖，藕片，草原情奶片，生板栗，生荔枝，奶酪色，豆腐，黄油，豆浆，炼乳，鸡肉肠的颜色，煮熟的土豆，水煮地瓜，水煮山药，生地瓜色，雪莲果颜色，煮熟的鱼肉，魔芋的颜色，香蕉果肉
气味	甜味，鲜味，咸味，苦涩味，泥土味，金属味，海鲜味，海风味，臭味，腥味，蒸螃蟹味，煮土豆味，虾味，煮魔芋味，臭豆腐味，板栗味，煮鱼味，奶酪味，奶香味，水煮蛋黄味，玉米味，生玉米皮味，海虹味，小狗的骚味（氨味），死鱼味，虾爬子味，地瓜味，海腥味，肉的鲜味，生莲藕味，蚬子味，水煮味，臭鸡蛋味，冬瓜的清新味，植物清香，烧烤味，山药味，炖骨头味，章鱼片味，蛤仔味，蘑菇味，湿抹布味（霉味），药味，干奶片，羊奶味，豆奶味
滋味	鲜味，甜味，苦味，咸味，微腥，蚬子味，鱿鱼味，螃蟹味，鱼肉味，刺激味，地瓜的甜味，奶香味，金属味，酸菜味，酸味，水煮芋头味，蛸子味，煮山药味，水煮大虾味，烧烤味，腥臭味，蟹黄味，甜杆子味，腰果甜，煮鸡蛋味，臭鸡蛋味，海虹味，芋头味，涩味，鲅鱼味，铁锈味
质地	柔软，嫩，有咬劲，丝状，干，黏牙，有弹性，像鸡柳，纤维感，水润，滑，结实的，类似蟹肉，类似鲅鱼肉，紧实，卤水豆腐，类似荔枝，肉头，黏滞感，水煮鸡肉，类似肉松，类似椰果，果冻，魔芋，鱼肠
后味	甜味，像鸡肉，平淡，苦味，金属味，土腥味，虾爬子味，咸味，腥味，海鲜味，酸味，刺激味，涩味，黄瓜皮涩，鲜味，苏打水味，土豆泥味，味精味，蚬子味，玉米味，平味

（二）感官表述词的筛选

1. 首次删减描述词

计算得出各描述词的几何平均值 M，见表5-3。按从大到小排序，进行描述词的删减，除去黄油色、灰白、冬瓜的清新味、豆奶、死鱼味、苦涩味、药味、臭鸡蛋味（氨味）、小狗的骚味、羊奶味、臭豆腐味、湿抹布味（霉味）、烧烤味、铁锈味、腥臭味、苦味、酸味、刺激味、臭鸡蛋味、酸菜味、烧烤味、类似肉松、金属味、苦味、酸味、刺激味26个几何平均值相对较小（$M<0.300$）的描述词。

表5-3　151个描述词的几何平均值 M

色泽		气味		滋味		质地		后味	
描述词	M 值	描述词	M 值	描述词	M 值	描述词	M 值	描述词	M 值
暗淡	0.64	蒸螃蟹味	0.85	鲜	0.85	纤维感	0.87	海鲜味	0.82
鸡肉肠	0.77	海鲜味	0.84	螃蟹味	0.83	丝状	0.86	虾爬子味	0.79
乳白色	0.76	鲜味	0.84	甜味	0.79	柔软	0.82	蚬子味	0.78
水煮山药	0.73	虾爬子味	0.80	蚬子味	0.77	嫩	0.81	甜味	0.78
煮熟的土豆	0.71	蚬子味	0.78	水煮大虾味	0.75	水润	0.78	鲜味	0.77
草原情奶片	0.70	水煮味	0.75	鱼肉味	0.69	类似蟹肉	0.77	腥味	0.63
藕片	0.68	煮土豆味	0.72	咸味	0.68	有弹性	0.75	咸味	0.58
煮熟的鱼肉	0.68	海腥味	0.70	微腥	0.66	黏牙	0.75	像鸡肉	0.53
米白	0.68	虾味	0.69	鱿鱼味	0.62	紧实	0.75	土豆泥味	0.52
豆浆	0.68	蛤仔味	0.68	地瓜的甜味	0.58	有咬劲	0.73	味精味	0.51
去皮香蕉	0.68	咸味	0.66	蟹黄味	0.56	滑	0.73	平淡	0.49
豆腐	0.67	腥味	0.66	奶香味	0.54	结实的	0.72	黄瓜皮的涩味	0.47
像雪莲果	0.67	章鱼片味	0.64	蚶子味	0.50	像鸡柳	0.64	土腥味	0.43
淡黄	0.66	海风味	0.60	水煮芋头味	0.49	黏滞感	0.64	玉米味	0.40
炼乳	0.66	煮鱼味	0.60	腰果甜	0.48	水煮鸡肉	0.63	平味	0.40
熟地瓜	0.65	甜味	0.56	鲅鱼味	0.47	肉头	0.60	苏打水味	0.35
奶糖	0.64	肉的鲜味	0.56	水煮鸡蛋味	0.46	类似椰果	0.57	金属味	0.29
有光泽	0.63	奶香味	0.54	海虹味	0.42	鱼肠	0.56	苦味	0.26

续表

色泽		气味		滋味		质地		后味	
描述词	*M* 值	描述词	*M* 值	描述词	*M* 值	描述词	*M* 值	描述词	*M* 值
生板栗	0.62	泥土味	0.51	煮山药味	0.42	千叶豆腐	0.55	酸味	0.18
奶酪	0.62	地瓜味	0.50	甜杆子味	0.36	类似荔枝	0.54	刺激味	0.15
象牙白	0.59	煮魔芋味	0.50	金属味	0.36	类似鲅鱼肉	0.54		
奶白色	0.57	海虹味	0.47	涩	0.33	果冻	0.50		
生地瓜色	0.52	水煮蛋黄	0.45	芋头味	0.31	魔芋	0.49		
力士洗发水	0.51	玉米味	0.45	铁锈味	0.29	卤水豆腐	0.46		
鳕鱼肉	0.51	生玉米皮味	0.43	腥臭味	0.27	类似肉松	0.27		
像魔芋	0.47	生莲藕味	0.42	苦味	0.27				
杏黄	0.43	金属味	0.40	酸味	0.24				
黄油	0.29	山药味	0.38	刺激味	0.22				
灰白	0.22	蘑菇味	0.37	臭鸡蛋味	0.14				
		干奶片	0.36	酸菜味	0.10				
		臭味	0.35	烧烤味	0.10				
		植物清香	0.35						
		炖骨头味	0.34						
		板栗味	0.33						
		奶酪味	0.30						
		冬瓜的清新味	0.29						
		豆奶	0.29						
		死鱼味	0.29						
		苦涩味	0.28						
		药味	0.28						
		臭鸡蛋味	0.26						
		小狗骚味	0.23						
		羊奶味	0.22						
		臭豆腐味	0.21						
		湿抹布味	0.16						
		烧烤味	0.15						

2. 二次删减描述词

通过小组讨论，对有歧义的描述词以添加参比物的方式达成组内共识。对每一描述词，提供给评价员 3~5 种物质，品尝后讨论确定各强度标尺位置合适的参比物质。例如，提供给评价员新鲜紫菜、裙带菜及海带丝，以确定气味属性中海藻味的参比物；提供给评价员腰果、美国大杏仁及板栗，以确定滋味属性中甜味的参比物；提供给评价员内酯豆腐、千叶豆腐、鱼肉肠、面筋，以确定质地属性中弹性的参比物。汇总添加参比物的讨论结果，确定最终描述词汇以及各描述词的定义和参比物。对感官评价小组培训过程中多次感官评价 5 种不同扇贝处理样品的评价结果进行方差分析，去除 5 种扇贝样品间所有的感官属性均无显著性差异（$P<0.05$），无法得到具有样品区分度的描述词，见表 5-4。最终建立了活品虾夷扇贝感官描述词表，见表 5-5。

表 5-4　5 种虾夷扇贝感官描述词的平均分值和方差分析

感官属性		扇贝样品						ANOVA	
		1	2	3	4	5	6	*F* 值	*P* 值
色泽	颜色	2.8	2.3	2.2	2.1	2.4	2.3	1.7	0.11
	光泽	3.1	2.9	2.6	2.4	2.5	2.4	5.3	0.00
气味	鲜味	3.5	3.3	3.2	3.1	2.9	2.7	3.0	0.00
	玉米味	2.4	2.3	2.7	2.6	2.7	2.6	0.1	0.78
	甜味	3.2	2.8	3.1	3.0	2.9	2.7	0.9	0.50
	海藻味	2.4	2.1	1.9	1.7	1.9	1.6	0.7	0.03
	奶香味	2.5	2.1	2.0	1.8	1.9	1.5	2.7	0.04
	海风味	2.3	2.1	2.2	1.9	1.9	1.6	3.1	0.07
	土腥味	1.5	1.1	1.0	1.0	0.9	1.1	2.5	0.05
	氨味	1.9	1.6	1.3	1.8	1.9	1.6	0.5	0.74
	鱼腥味	3.1	2.9	2.7	2.5	2.5	2.5	1.8	0.14
	海鲜味	3.8	3.3	3.3	3.1	2.9	2.8	5.6	0.00
	清香味	1.6	1.2	1.2	1.0	1.1	1.3	1.0	0.44
	海藻味	1.2	1.5	1.3	1.2	1.4	1.0	0.8	0.57
	硫味	1.3	1.0	1.0	1.1	0.9	1.1	4.7	0.03
	水煮鸡蛋味	1.3	0.8	0.9	1.0	1.0	1.1	0.7	0.65
	土豆泥味	2.5	2.1	2.1	1.8	1.6	1.5	2.6	0.04

续表

感官属性		扇贝样品						ANOVA	
		1	2	3	4	5	6	*F* 值	*P* 值
滋味	鲜味	3.8	3.1	3.1	2.9	2.8	2.6	8.9	0.00
	甜味	3.2	2.6	2.7	2.3	2.2	2.0	2.8	0.03
	酸味	1.0	1.4	1.4	1.1	1.1	1.3	2.6	0.04
	鱼腥味	1.2	1.4	1.8	1.6	1.5	1.7	3.3	0.07
	土腥味	1.5	1.2	1.0	1.3	0.9	0.7	2.7	0.05
	奶香味	2.1	2.0	1.7	1.4	1.5	1.1	3.2	0.03
	咸味	1.6	1.4	1.3	1.0	1.2	0.8	2.5	0.05
	海鲜味	3.6	3.2	3.3	3.0	2.8	2.8	2.3	0.06
	金属味	2.6	2.6	2.8	2.7	2.5	2.8	3.3	0.05
	苦味	0.7	0.8	0.6	0.8	0.7	1.8	2.8	0.03
质地	纤维感	3	3.0	2.9	2.8	2.7	2.9	0.34	0.08
	嫩度	2.5	2.9	2.7	2.7	3.5	3.1	1.8	0.00
	咀嚼性	3.0	3.0	2.9	2.8	2.7	2.9	0.3	0.88
	黏滞感	1.5	1.5	1.4	1.4	1.2	1.3	1.9	0.13
	多汁性	2.8	2.5	2.4	2.2	2.2	2.2	2.9	0.03
	弹性	3.2	2.8	3.1	3.0	2.9	2.7	0.9	0.50
	涩味	0.7	1.4	1.2	2.6	2.0	1.6	5.4	0.01
后味	鲜味	3.1	1.8	1.5	1.1	1.2	1.2	15.9	0.00
	甜味	2.8	2.0	1.3	1.1	1.1	1.1	22.1	0.00
	酸味	1.6	1.2	0.6	0.7	1.4	1.9	2.9	0.03
	涩味	0.8	2.4	1.5	1.3	1.4	1.5	0.8	0.11
	土腥味	0.9	0.7	0.8	0.7	0.8	1.1	3.5	0.07
	鲜奶味	1.5	1.0	0.8	0.9	0.9	1.0	3.2	0.02
	海鲜味	2.3	1.2	1.2	1.2	1.1	1.2	7.9	0.00
	平味	1.2	1.5	1.3	1.2	1.4	1.0	2.4	0.06
	水煮蛋清味	1.0	0.8	0.9	0.9	1.1	1.1	0.5	0.77
	苦味	0.5	0.8	1.3	1.7	1.2	0.8	3.3	0.02

表 5-5　最终描述词表

属性		感官强度	属性		感官强度
外观	颜色	0 1 2 3 4 5 生藕片　煮芋头　生板栗	外观	光泽	0 1 2 3 4 5 煮芋头　豆浆　白色洗发水
气味	O-海鲜味	0 1 2 3 4 5 蒸螃蟹　虾蛄	气味	O-甜味	0 1 2 3 4 5 煮玉米　海苔
	O-鱼腥味	0 1 2 3 4 5 蒸螃蟹　虾蛄　煮鱼味		O-海藻味	0 1 2 3 4 5 海风味　新鲜裙带菜
	O-土腥味	0 1 2 3 4 5 生莲藕味　水煮蘑菇		O-奶香味	0 1 2 3 4 5 室温牛奶
	O-土豆泥味	0 1 2 3 4 5 水煮土豆		O-硫味	0 1 2 3 4 5 水煮鸡蛋　水煮海兔
	O-玉米味	0 1 2 3 4 5 水煮玉米			
滋味	T-鲜味	0 1 2 3 4 5 紫菜汤　蟹腿肉	滋味	T-鱼腥味	0 1 2 3 4 5 蟹腿肉　虾蛄　裙带菜
	T-甜味	0 1 2 3 4 5 蟹腿肉　虾蛄　腰果		T-金属味	0 1 2 3 4 5 蟹黄
	T-海鲜味	0 1 2 3 4 5 虾蛄		T-酸味	0 1 2 3 4 5 卤水豆腐
	T-奶香味	0 1 2 3 4 5 常温牛奶		T-苦味	0 1 2 3 4 5 蟹黄　黄瓜皮
	T-土腥味	0 1 2 3 4 5 水煮鲜蘑			
质地	Tx-纤维感	0 1 2 3 4 5 蟹腿肉	质地	Tx-多汁性	0 1 2 3 4 5 新鲜对虾仁　日本豆腐
	Tx-嫩度	0 1 2 3 4 5 蟹腿肉　水煮蛋清		Tx-黏滞感	0 1 2 3 4 5 椰果罐头　蟹腿肉
	Tx-弹性	0 1 2 3 4 5 蟹腿肉　蚬子　海兔		Tx-涩味	0 1 2 3 4 5 冰绿茶

续表

属性		感官强度	属性		感官强度
后味	AT-海鲜味	0 1 2 3 4 5 蟹腿肉　虾蛄	后味	AT-酸味	0 1 2 3 4 5 苏打水
	AT-甜味	0 1 2 3 4 5 腰果		AT-苦味	0 1 2 3 4 5 黄瓜皮
	AT-鲜味	0 1 2 3 4 5 紫菜汤　蟹腿肉		AT-金属味	0 1 2 3 4 5 蟹黄
	AT-鲜奶味	0 1 2 3 4 5 室温牛奶			

(三) 评价小组的能力评估

采用 Panel Check 软件进行 Tucker-1 分析，对感官评价小组的一致性进行评估。Tucker-1 图能直观反映整个评价小组整体对某一属性的评分是否一致，如图 5-1 所示。其中，每张图代表一个属性，每个点代表一个评价员；点靠近外椭圆表示该评价员区分该属性的能力强，点越聚拢表示该属性一致性好，达到要求。

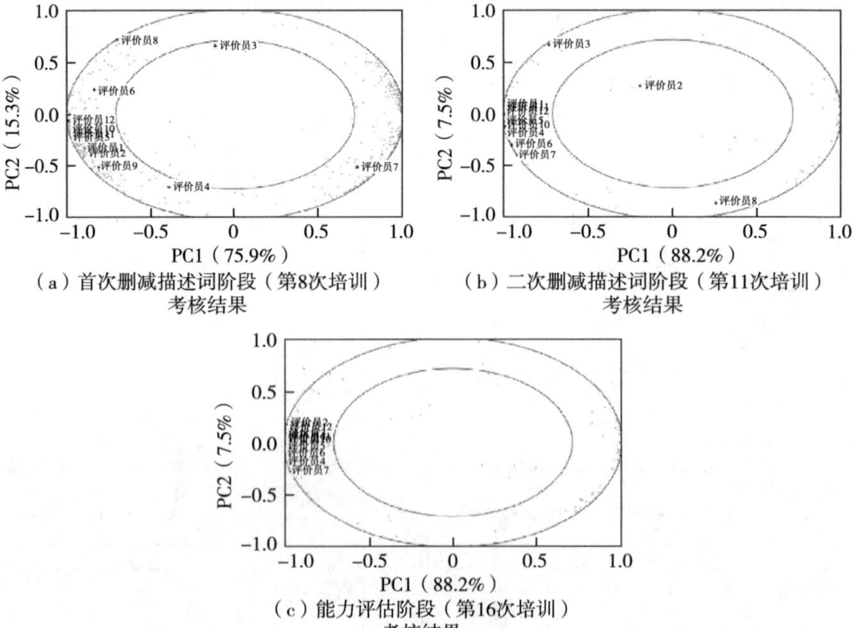

（a）首次删减描述词阶段（第8次培训）考核结果
（b）二次删减描述词阶段（第11次培训）考核结果
（c）能力评估阶段（第16次培训）考核结果

图 5-1　描述词 T-鲜味的评价小组一致性

在能力评估培训阶段（第16~19次培训），对感官评价小组多次评价同一样品的重复性（MSE值）和对不同样品的区分能力（*F*值）的考核结果如图5-2所示。图5-2（a）（b）的横坐标均为12位评价员，沿纵坐标轴的不同颜色的竖线表示33个属性。由图可知，除了鱼腥味外，评价员对每一属性的重复性较好，且对不同样品的区分能力在每个属性上也基本符合要求。

针对4次打分结果，从评价一致性、重复性和区分样品能力三方面综合考虑，对鱼腥味等属性不符合要求的评价员进行反馈，以添加参比物的方式进行再培训，直至符合要求。

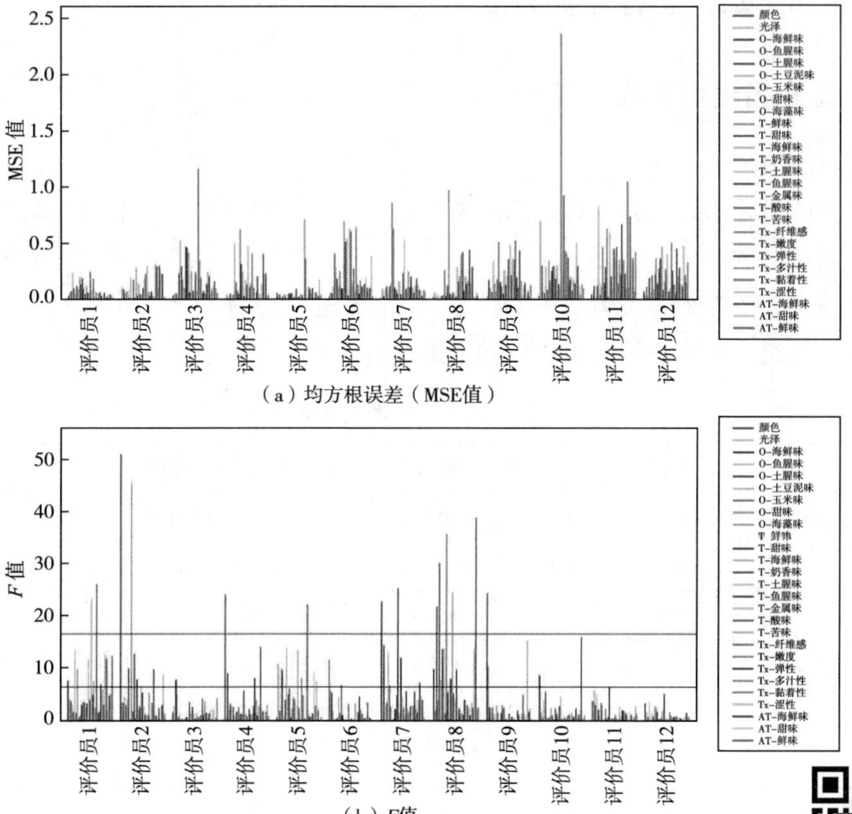

（a）均方根误差（MSE值）

（b）*F*值

图5-2　重复性和评价能力

注　（a）表示12位评价员对同一样品进行4次重复评价的重复能力；

（b）表示12位评价员对不同样品的区分能力。

彩图

（四）小结

首先，从98位志愿者中按照优选评价员的标准筛选出12名合格者，建立感官评价小组。其次，对征集自感官评价小组的151个最初描述词进行统计学删减，添加参比物后建立了由33个感官描述词构成的活品虾夷扇贝感官评价描述词表。最后，运用描述词表对不同扇贝样品进行4次打分，从评价一致性、重复性和区分样品能力三方面考核感官评价小组的评价能力，并对鱼腥味属性上不合格的评价员进行回馈和再培训，直至符合要求。

二、菲律宾蛤仔感官评价方法的建立

（一）感官描述词征集

1. 感官评价小组的建立

收集到109份筛选表，其中有兴趣参与者55人。通过对55人基本感官能力和舌尖菌状乳突数的测定，参照《选拔、培训与管理评价员一般导则　第1部分：优选评价员》（GB/T 16291.1—2012），选出最适合的的评价员共9人，成立了感官评价小组。感官评价小组成员基本条件信息见表5-6。

表5-6　感官评价小组成员基本条件信息

人员编码	兴趣	出勤	匹配检验	三点检验	描述能力	排序检验	菌状乳突数
1	√	100%	100%	100%	67%	65%	32
2	√	100%	100%	100%	67%	65%	34
3	√	100%	90%	100%	80%	65%	44
4	√	100%	80%	100%	67%	65%	42
5	√	100%	100%	100%	67%	80%	48
6	√	100%	90%	100%	80%	85%	33
7	√	100%	90%	100%	100%	65%	31
8	√	100%	80%	100%	90%	80%	39
9	√	100%	90%	100%	67%	90%	30

2. 感官描述词征集

针对不同菲律宾蛤仔样品，评价小组进行头脑风暴，共得到关于菲律宾蛤仔的描述词139个，其中外观37个，气味31个，滋味22个，质地32个，回味17个。征集到的感官描述词见表5-7。

表5-7 最初得到的139个描述词

项目	描述词
外观	生板栗色、生藕色、生芋头色、熟板栗色、淡黄色、玉米色、奶白色、蛏子肉、黄蚬子、鱿鱼片、乳黄色、煮土豆、日本豆腐、芝士、乳白、香蕉、泥土、地瓜黄、浅黄、焦黄、腰果、豆浆、晨光2B橡皮、菠萝、白色、微黑、嫩黄、榴莲、暗黄、浅棕色、豆干、土黄色、奶片、豆皮、奶糖、暗淡、无光泽
气味	腥味、生芋头、香、熟土豆、鲜味、土味、蛏子、煮皮皮虾、海水味、土腥、果香、海苔、螃蟹、蟹黄、鱼片、海带、泥土、毛蚶、虾夷扇贝、甜味、咸味、染发膏味、玉米、臭味、甜玉米香、芋头香、板栗味、虾味、鲜香、鱿鱼片、黄蚬子
滋味	甜味、腥味、苦味、土味、鲜味、黄蚬子、咸味、涩、香、鲍鱼、蟹黄、海螺味、毛蚶、螃蟹、泥味、蛏子、芋头、虾爬子、虾味、鱼肉、黄瓜味、水煮蘑菇味
质地	蛏子、面、杏鲍菇、有嚼劲、鱿鱼丝、椰果、鲍鱼、扇贝、蟹腿肉、章鱼片、弹性、丝滑、嫩滑、韧、魔芋、Q弹、筋道、日本豆腐、鱿鱼仔、牛肉筋、黄蚬子、软、硬、口香糖、豆干、蘑菇、大豆蛋白、嫩、黏牙、脆、涩、蟹棒
回味	腥味、苦味、甜味、鲜味、咸味、香、泥味、淀粉制品味、奶味、涩、螃蟹、鱼肉、虾味、上好佳零食、蟹黄、芋头味、平淡

（二）感官描述词筛选

1. 首次删减描述词

各描述词的几何平均值 M 见表5-8。删除几何平均值较小的描述词（$M<0.3$），包括泥土色，浅棕色，果香，黄瓜味，面，脆，淀粉制品味等12个描述词。同时进行小组讨论，合并同义描述词，如对外观的描述多针对颜色，因此将外观中的描述词合并为颜色，光泽；味道描述中的一些实物可作为参比物，以基本味道表述。删减后剩余34个描述词。

表5-8 139个描述词的几何平均值（M）

外观	M值	气味	M值	滋味	M值	质地	M值	回味	M值
生板栗色	0.542	腥味	0.697	甜味	0.552	蛏子	0.666	腥味	0.456
生藕色	0.391	生芋头	0.381	腥味	0.634	面	0.200	苦味	0.157
生芋头色	0.332	香	0.742	苦味	0.272	杏鲍菇	0.654	甜味	0.477
熟板栗	0.603	熟土豆	0.539	土味	0.479	有嚼劲	0.803	鲜味	0.728

续表

外观	M 值	气味	M 值	滋味	M 值	质地	M 值	回味	M 值
淡黄色	0.660	鲜味	0.789	鲜味	0.796	鱿鱼丝	0.610	咸味	0.468
玉米色	0.560	土味	0.483	黄蚬子	0.728	椰果	0.504	香	0.687
奶白色	0.413	蛏子	0.655	咸味	0.601	鲍鱼	0.530	泥味	0.325
蛏子肉	0.632	煮虾蛄	0.714	涩	0.192	虾夷扇贝	0.629	淀粉制品味	0.079
黄蚬子	0.668	海水味	0.558	香	0.756	蟹腿肉	0.581	奶味	0.101
鱿鱼片	0.421	土腥味	0.474	鲍鱼	0.503	章鱼片	0.548	涩	0.158
乳黄色	0.575	果香	0.012	蟹黄	0.508	弹性	0.684	螃蟹	0.618
煮土豆	0.673	海苔	0.245	海螺	0.412	丝滑	0.487	鱼肉	0.274
日本豆腐	0.447	螃蟹	0.644	毛蚶	0.469	嫩滑	0.487	虾味	0.520
芝士	0.381	蟹黄	0.581	螃蟹	0.678	韧	0.702	上好佳零食	0.114
乳白	0.369	鱼片	0.195	泥味	0.408	魔芋	0.268	蟹黄	0.386
香蕉	0.456	海带	0.248	蛏子	0.556	滑	0.448	芋头味	0.139
泥土	0.144	泥土	0.350	芋头	0.149	Q 弹	0.587	平淡	0.451
地瓜黄	0.373	毛蚶	0.589	虾蛄	0.693	筋道	0.699		
浅黄	0.638	虾夷扇贝	0.589	虾味	0.573	日本豆腐	0.183		
焦黄	0.260	甜味	0.337	鱼肉	0.276	鱿鱼仔	0.422		
腰果	0.408	咸味	0.399	黄瓜味	0.141	牛肉筋	0.522		
豆浆	0.393	染发膏	0	水煮蘑菇	0.197	黄蚬子	0.688		
晨光 2B 橡皮	0.645	熟玉米	0.334			软	0.593		
菠萝	0.356	臭味	0.025			硬	0.400		
白色	0.276	甜玉米香	0.284			口香糖	0.351		
微黑	0.162	芋头味	0.365			豆干	0.382		
嫩黄	0.487	板栗味	0.377			蘑菇	0.665		
榴莲	0.487	虾味	0.611			大豆蛋白	0.491		
暗黄	0.465	鲜香	0.714			嫩	0.487		
浅棕色	0.268	鱿鱼片	0.479			黏牙	0.246		
豆干	0.543	黄蚬子	0.674			脆	0.136		
土黄色	0.395					涩	0.092		
奶片	0.210					蟹棒	0.395		
豆皮	0.575								
奶糖	0.224								
暗淡	0.489								

续表

外观	M值	气味	M值	滋味	M值	质地	M值	回味	M值
无光泽	0.522								

2. 二次删减描述词

评价员对5种不同的菲律宾蛤仔样品打分结果及方差分析如表5-9所示。单因素方差分析可知：外观中的颜色，气味中的鲜味、土豆味、板栗味、土味、腥味，滋味中的鲜味、甜味、咸味、腥味、臭味，质地中的弹性、韧、硬、黏滞，回味中的甜味、鲜味、咸味、腥味、土味、苦味共21个描述词存在样品间的显著性差异（$P<0.05$）；外观中的光泽，气味中的甜味、咸味介于显著性分析的边缘（$P=0.05$）选择保留；气味中的香味、滋味中的香味和回味中的香味因其M值较大，分别为0.742，0.756和0.687，也选择保留；气味中的臭味，滋味中的土味、苦味均为非愉悦性描述词，考虑到后期实验设计贮藏时间较长，也选择保留。最终描述词表见表5-10。

表5-9　5种菲律宾蛤仔描述词的平均值及方差分析

感官属性		菲律宾蛤仔样品					方差分析	
		1	2	3	4	5	F值	P值
外观	颜色	2.73	2.58	2.56	2.73	2.73	30.01	0.00
	光泽	2.36	2.24	2.23	2.18	2.13	5.07	0.05
气味	鲜味	2.68	3.07	2.83	2.53	2.73	10.15	0.01
	海水味	1.89	1.64	1.63	1.24	1.69	0.49	0.74
	香味	2.64	3.05	2.93	3.09	2.79	2.55	0.17
	甜味	2.19	2.04	2.54	2.57	2.18	5.54	0.05
	生芋头味	0.98	1.15	1.03	0.79	0.68	0.62	0.67
	土豆味	2.70	2.88	2.37	2.76	2.66	12.49	0.01
	板栗味	2.29	1.77	0.80	0.77	2.00	14.23	0.01
	熟玉米味	0.23	0.64	0.86	0.01	0.76	2.83	0.14
	咸味	1.95	2.35	2.41	2.09	2.34	4.98	0.05
	土味	1.56	1.33	0.93	1.09	1.61	65.38	0.00
	腥味	2.44	2.09	1.93	1.72	2.01	8.53	0.02
	臭味	0.80	0.91	1.01	0.99	0.76	1.62	0.30

续表

感官属性		菲律宾蛤仔样品					方差分析	
		1	2	3	4	5	*F* 值	*P* 值
滋味	鲜味	3.03	2.72	2.67	2.63	2.62	6.72	0.03
	香味	2.89	2.68	2.85	3.06	2.87	1.69	0.29
	甜味	1.63	2.22	2.38	2.25	2.24	27.47	0.00
	咸味	2.13	2.42	2.29	3.24	2.36	24.82	0.00
	土味	1.40	1.50	1.61	1.42	1.36	4.53	0.06
	腥味	1.86	2.12	2.13	2.07	1.89	8.90	0.02
	苦味	0.88	0.98	1.22	0.97	1.02	2.46	0.18
	臭味	0.56	0.71	0.79	0.86	0.58	34.21	0.00
质地	弹性	3.14	3.37	2.53	3.24	3.10	24.90	0.00
	韧	2.48	2.91	2.75	2.88	2.84	61.64	0.00
	硬	1.91	2.53	2.06	2.46	2.46	16.44	0.00
	黏滞	2.54	2.83	2.33	2.54	2.20	8.20	0.02
	滑	1.58	1.40	1.40	2.73	1.79	1.66	0.29
回味	甜味	1.34	1.26	1.19	1.52	1.18	39.39	0.00
	鲜味	2.78	2.29	2.20	2.17	1.82	10.44	0.01
	咸味	1.90	2.52	1.87	2.34	1.81	30.96	0.00
	香味	2.10	2.01	1.68	2.21	1.67	13.07	0.01
	腥味	1.14	1.28	1.09	1.21	1.43	20.02	0.00
	土味	0.93	1.18	1.11	0.96	1.08	10.85	0.01
	苦味	0.63	0.79	1.10	0.57	0.77	8.95	0.02

表 5-10　菲律宾蛤仔感官分析的最终描述词表

感官属性		定义	描述词	参比物
外观	颜色	贝整体的颜色	去皮香蕉、晨光 2B 橡皮	煮土豆
	光泽	贝表面的光泽度	生姜外皮、生姜瓤	生姜
气味	鲜味	海产品的鲜美气味	蒸海鲜味	虾夷扇贝
	香味	肉类的浓厚气味	水煮肉味	虾
	甜味	淡淡的甜味	水煮甜玉米味	玉米
	土豆味	熟土豆的气味	水煮土豆味	水煮土豆

续表

感官属性		定义	描述词	参比物
气味	板栗味	熟板栗的气味	水煮板栗味	水煮板栗
	咸味	海水的咸味	水煮虾蛄的咸味	煮虾蛄
	土味	泥土的气味	雨后泥土	雨后泥土
	腥味	水产品的腥味	海带味、海水味	海带
	臭味	淡淡的腐败气味	蒸海螺味	海螺
滋味	鲜味	海产品的鲜美滋味	蒸鲍鱼味、蒸毛蚶味	蒸螃蟹
	香味	肉类的醇厚滋味	蟹黄味	蟹黄
	甜味	淡淡的甜味	蟹腿肉味、虾蛄味	蟹腿肉
	咸味	食盐的味道	鱼片味、小银鱼味	鱼片
	土味	泥土的味道	水煮鲫鱼味	煮鲫鱼
	腥味	水产品的腥味	鱿鱼丝味、鱼片味	鱿鱼丝
	苦味	淡淡的苦味	蟹黄苦味	蟹黄
	臭味	淡淡的腐败气味	海螺味	海螺
质地	弹性	筋道的感觉	杏鲍菇、QQ 糖	杏鲍菇
	韧	难以撕扯的感觉	章鱼片、牛板筋	章鱼片
	硬	牙齿第一次咬合所需的力	海螺、缢蛏	缢蛏
	黏滞	黏牙的感觉	蟹肉、椰果	蟹肉
回味	甜味	淡淡的甜味	煮玉米味	煮玉米
	鲜味	海产品的鲜美滋味	缢蛏、紫菜汤味	紫菜汤
	咸味	食盐的味道	水煮虾蛄味	虾蛄
	香味	肉类的醇厚滋味	煮虾味	虾
	腥味	水产品的腥味	鱼片味	鱼片
	土味	泥土的味道	煮鲫鱼味	煮鲫鱼
	苦味	淡淡的苦味	蟹黄味、海螺味	蟹黄

（三）评价小组的能力评估

考查评价小组对 5 种不同样品的区分能力（*F* 值）及 9 名评价员对同一样品进行 3 次重复评价的重复能力（MSE 值）。使用 Panel Check 软件对评价员评价能力进行评估（图 5-3）。图 5-3（a）、（b）横坐标均为 9 名评价员，沿纵坐标不同颜色的竖线代表30个感官属性，可知评价员对不同样品具有区分能力，对于相同样品，除了4号评价员对鱼腥味的评价有所偏离，其他均达到了一致性要求。对于产生偏离的评价员及感官属性进行回馈，再培训，直至符合要求。

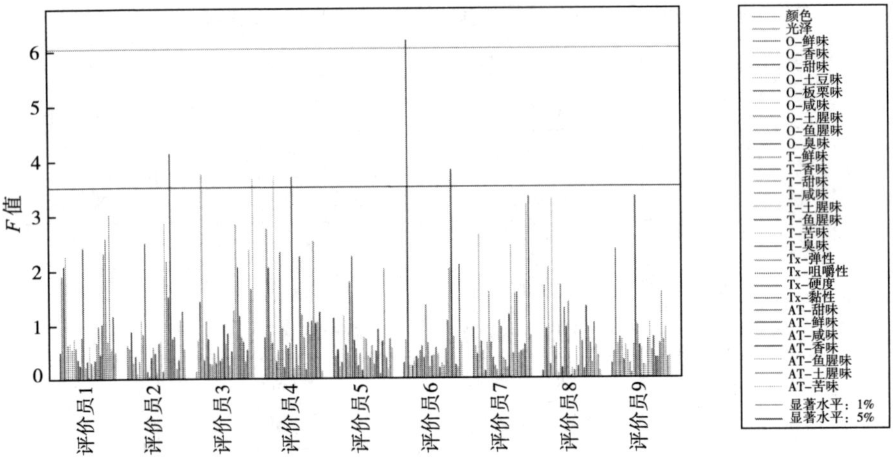

（a）*F*值

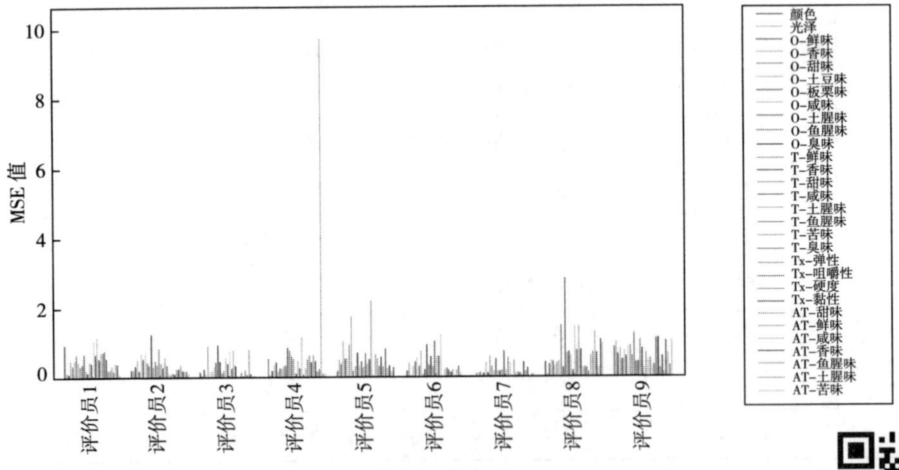

（b）均方根误差（MSE值）

图5-3　评价小组评价的一致性与重复性

注　（a）表示9位评价员对不同样品的区分能力；（b）表示9位评价员对同一样品进行3次重复评价的重复能力

彩图

（四）小结

从109名志愿者中筛选出9名优选评价员，建立了活品菲律宾蛤仔感官评价小组，通过征集筛选出感官描述词，最终确立了30个菲律宾蛤仔的感官描述词。其中，外观2个（颜色，光泽），气味9个（鲜味、香味、甜味、土豆味、板栗味、咸味、土味、腥味、臭味），滋味8个（鲜味、香味、甜味、咸味、土味、腥味、苦味、臭味），质地4个（弹性、韧、硬、黏滞），回味7个（甜味、鲜味、咸味、香味、腥味、土味、苦味）。

第二节　贝类应激胁迫下的生理代谢

一、干露胁迫下的理化指标

1. pH

将运抵实验室的虾夷扇贝（*Patinopecten yessoensis*）立即取样（第1天），之后自然暴露于空气中4℃下贮藏，然后分别于第3天、第5天进行采样。干露条件下闭壳肌的pH变化如图5-4所示。闭壳肌的pH在干露期间发生显著下降（$P<0.05$），从初始值7.24降至最低值6.63。

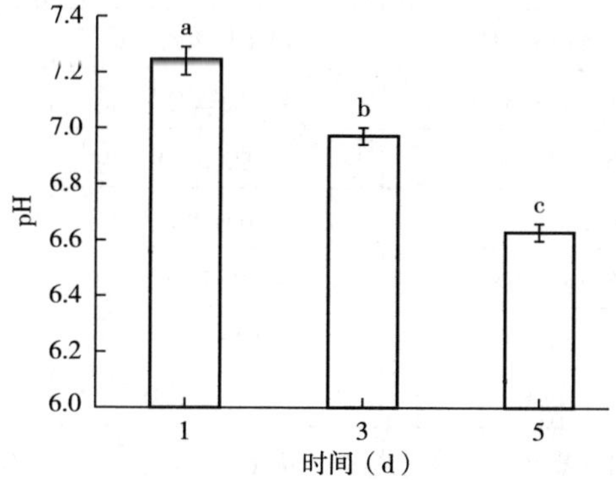

图5-4　干露条件下活品虾夷扇贝闭壳肌的pH变化

2. 游离氨基酸

干露条件下活品虾夷扇贝闭壳肌中的游离氨基酸如表5-11所示。其中含量最高的三种游离氨基酸分别为甘氨酸、丙氨酸和精氨酸，分别占氨基酸总量

74%、13%和4%（1d）。这三种氨基酸同时也分别是SDH、ODH和ADH的特异性氨基酸底物，这些大量存在的游离氨基酸可能为OpDHs在生物体内发挥作用提供了充足的反应底物[1]。精氨酸作为ODH的特异性底物在5d出现显著下降（$P<0.05$），而在3d没有出现显著变化。这可能是磷酸精氨酸降解生成的精氨酸回补了ODH所消耗的精氨酸。而在5d时，磷酸精氨酸早已耗尽，无法再生成精氨酸，所以精氨酸出现显著下降。类似的结果在扇贝（*Pecten maximus*）中也有报道，在18℃、低氧条件下，精氨酸含量显著下降，表明生物体转向无氧代谢[2]。天冬氨酸在干露期间出现显著下降（$P<0.05$），这可能是因为在无氧酵解初期，天冬氨酸转氨偶联糖酵解，生成苹果酸和丙氨酸。

表5-11　干露条件下活品虾夷扇贝闭壳肌中的游离氨基酸（mg/100g）

游离氨基酸	1d	3d	5d
Asp	23.74±0.77^a	4.38±0.42^b	2.75±0.001^c
Thr	35.04±1.06^a	20.00±1.95^b	21.59±0.49^b
Ser	15.54±0.48^a	13.88±1.340^a	13.73±0.05^a
Glu	152.59±4.21^a	123.16±11.92^b	161.11±4.66^a
Gly	1658.89±48.36^a	1531.93±176.71^a	1617.62±56.28^a
Ala	110.36±3.47^b	87.64±10.73^c	133.75±4.46^a
Cys	9.29±0.68^a	10.35±0.38^a	6.44±0.06^b
Val	19.67±2.356^a	19.87±2.05^a	18.16±0.01^a
Met	9.57±5.22^a	12.81±2.45^a	12.40±0.38^a
Ile	5.30±1.83^a	4.48±2.66^a	3.94±0.01^a
Leu	5.68±0.89^a	4.92±1.29^a	3.53±0.33^a
Phe	1.24±0.01^b	12.66±2.25^a	14.97±0.25^a
Lys	3.78±0.17^a	4.99±1.10^a	4.75±0.30^a
His	6.78±0.32^a	6.91±1.28^a	6.49±0.24^a
Arg	669.51±18.76^a	573.26±67.85^a	437.79±15.02^b

注　结果均以平均值±标准差表示，$n=3$。显著差异（$P<0.05$）以不同字母区分。

3. ATP及其关联物

ATP及其关联物在干露条件下的变化如图5-5所示。闭壳肌中ATP的初始含量为4.36μmol/g，而在3d时就完全耗尽，同时ADP和AMP出现一定积累。在5d时，ADP和AMP进一步降解生成HxR和Hx。在正常情况下，ATP主要通过三羧酸循环产生，完成这一过程需要氧气的参与。因此，在无氧条件下，扇贝没有足够的氧气来完成这一过程，所以无法维持 ATP 含量的相对稳定。

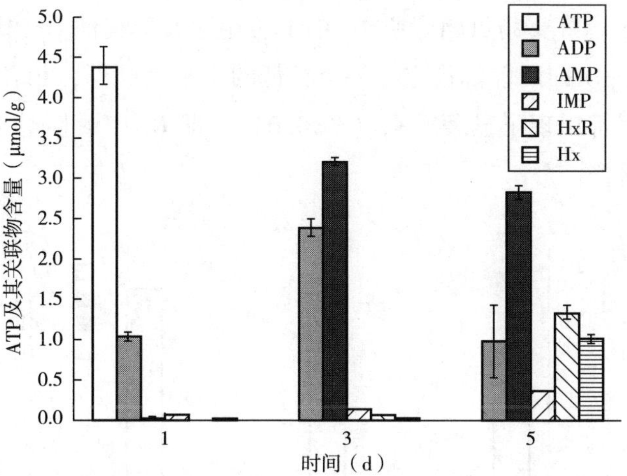

图 5-5 干露条件下活品虾夷扇贝闭壳肌中 ATP 及其关联物含量变化

（ATP：三磷酸腺苷；ADP：二磷酸腺苷；AMP：单磷酸腺苷；IMP：肌苷酸；HxR：肌苷；Hx：次黄嘌呤）

4. 磷酸精氨酸

干露条件下的 PA 含量如图 5-6 所示，闭壳肌中 PA 含量初始值为 2. 27umol/g。3d 时 PA 几乎已完全耗尽，在 5d 时已无法检测出 PA 含量。PA 在精氨酸激酶的作用下不仅生成了能量物质 ATP，同时生成了精氨酸，而精氨酸正是 ODH 的反应底物[3,4]。

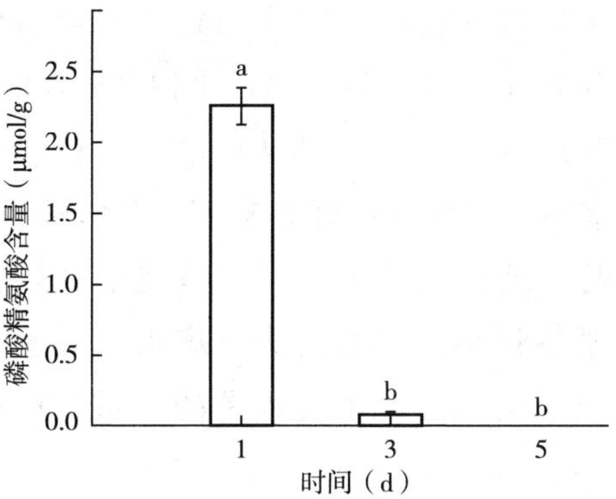

图 5-6 干露条件下活品虾夷扇贝闭壳肌中磷酸精氨酸含量变化

5. Opine 脱氢酶

将运抵实验室的虾夷扇贝立即取样（1d），之后自然暴露于空气中4℃下贮藏，然后分别于3d、5d进行采样。干露条件下虾夷扇贝闭壳肌中OpDHs活性变化如图5-7所示，虾夷扇贝闭壳肌中ODH活性远大于其他OpDHs，且在整个干露期间，其他OpDHs活性都稳定在一个较低的水平。此外，相较于1d，ODH活性在3d和5d时都出现了显著升高（$P<0.05$），即ODH活性对干露胁迫可能存在一种胁迫应答。

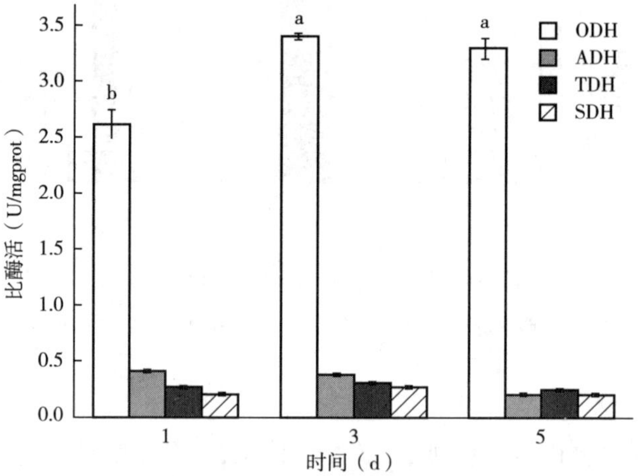

图 5-7　干露条件下虾夷扇贝闭壳肌中OpDHs活性变化

（ADH：alanopine 脱氢酶，SDH：strombine 脱氢酶，TDH：tauropine 脱氢酶，ODH：octopine 脱氢酶）

6. 活品失重率的变化

将运抵实验室的虾夷扇贝立即取样（0d），之后覆盖湿布于4℃贮藏，每1d更换一次，然后分别于1d、3d进行采样。如图5-8所示，活品虾夷扇贝在贮藏过程中失重率显著升高，在3d高达7%左右。研究中发现，与原料扇贝相比，干藏扇贝可以观察到其右壳（底壳）有明显的液体析出积累现象，同时伴随着外套膜收缩即所谓“缩边”现象。原因是在干藏过程中的胁迫导致贝体体腔液中水分析出，随后逐渐蒸发而流失，扇贝以外套膜收缩的形式启动了防御应答机制。值得指出的是，贮藏过程中的失重对活品经济价值有一定的影响。

7. 抗氧化酶 SOD

将运抵实验室的虾夷扇贝立即取样（0d），之后覆盖湿布于4℃贮藏，每1d

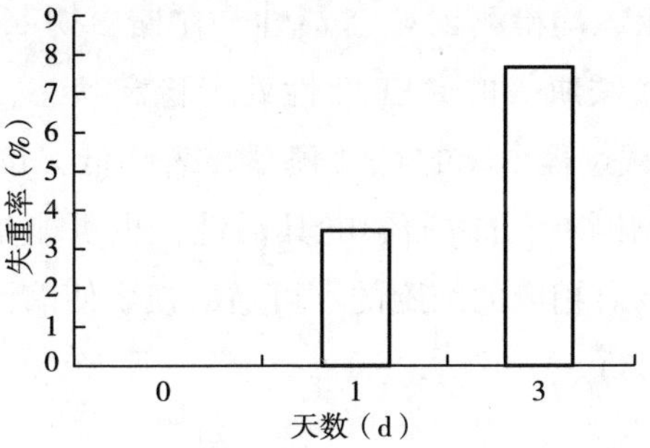

图 5-8　干藏过程中活品虾夷扇贝失重率的变化

更换一次，然后分别于 1d、3d 进行采样。基于各个软体组织抗氧化酶分布特点，探索虾夷扇贝抗氧化系统与活品干藏稳定性的关联。图 5-9 为 SOD 分布及变化的分析结果。对扇贝所有的软体组织进行检测，其中雌雄扇贝的性腺分别进行检测，发现各个组织均检测到 SOD 活性，鳃以外的各组织 SOD 水平相近，且各组织的 SOD 活性均呈现显著上升的趋势（$P<0.05$），其中以鳃的应答最为显著。同样地，捕后初期 24h 内的冷却干藏处置，扇贝部分组织如横纹肌等的 SOD 活性处于稳定状态，干藏 3d 后，由于剧烈胁迫导致各组织应激，各组织 SOD 活性急剧增加。

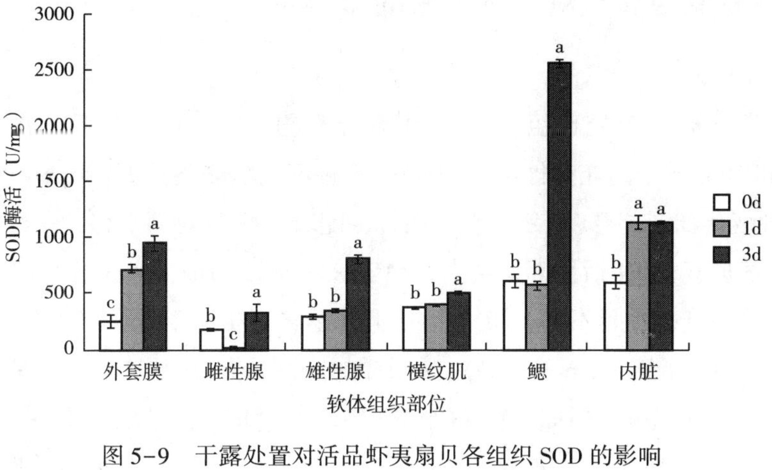

图 5-9　干露处置对活品虾夷扇贝各组织 SOD 的影响

8. 抗氧化酶 CAT

将运抵实验室的虾夷扇贝立即取样（0d），之后覆盖湿布于 4℃贮藏，每 1d 更换一次，然后分别于 1d、3d 进行采样。图 5-10 为扇贝各软体组织 CAT 酶活的变化，同样地，各组织均检测到CAT活性，在捕后初期1d之内的冷却干藏处置，扇贝部分组织如横纹肌等的CAT活性处于稳定状态，干藏3d后出现应激。与SOD不同的是，贮藏过程中鳃的CAT酶活显著降低，可能是因为经SOD分解的H_2O_2部分会被过氧化物酶分解而影响其活性；也可能是因为到贮藏后期，一些未及时清除的自由基对相应的细胞的不可逆的损伤使酶活降低，其余各组织的酶活显著升高（$P<0.05$）。

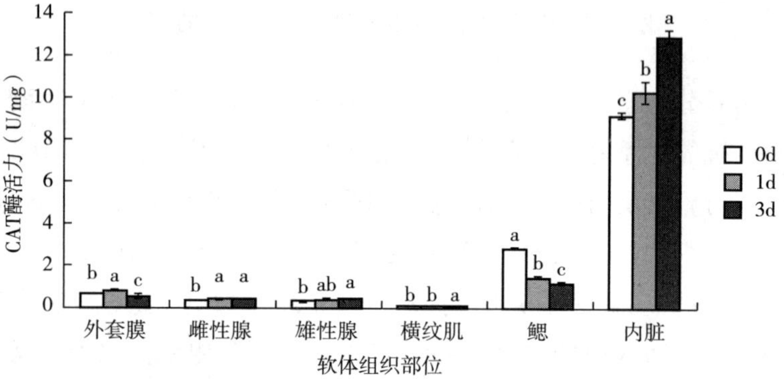

图5-10　干露处置对活品虾夷扇贝各组织CAT的影响

二、温度与氧气对干藏效果的影响

1. ODH

将贝类分成三个处理组：4℃下干露充氧组（CDo）、4℃下干露充空气组（CDa）和20℃下干露充空气组（ADa）。三种不同贮藏条件下虾夷扇贝闭壳肌中ODH活性变化如图5-11所示。总体而言，随着贮藏时间的推移，三组不同干露条件下的扇贝其ODH活性都呈现上升趋势。这表明ODH活性对干露胁迫存在应答。此外，储藏条件越不利，ODH活性上升越多。相对于低温组（CDo、CDa），高温组（ADa：干露+充气+20℃）在同样的时间内酶活上升较大。对于低温处理组而言，充空气组（CDa：干露+充气+4℃）的ODH活性上升要高于充氧气组（CDo：干露+充氧+4℃）。相较与10℃和18℃组而言，6个月贝龄的扇贝（*Pecten maximus*）[2] 的25℃组ODH活性显著上升，与本研究结果相同，但各个温度组在低氧和常氧条件下均无显著差异。总之，ODH活性可以作为干露条件下的一种胁迫应答指标，具有捕后活品品质评价的潜力。

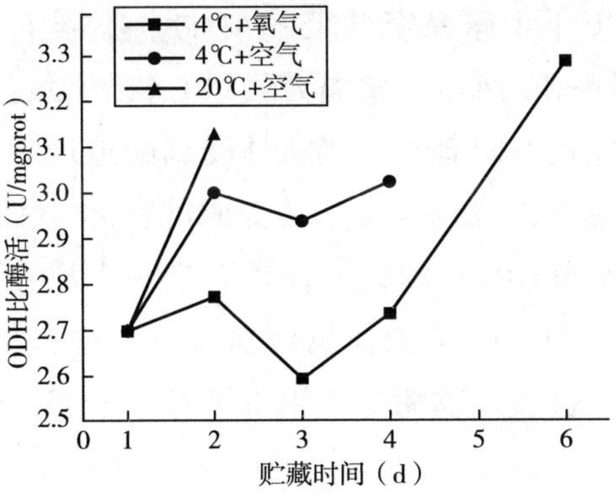

图 5-11　不同贮藏条件下 ODH 活性变化

2. 抗氧化酶 SOD

将贝类分成三个处理组，分别为 4℃下干露充氧组（CDo），4℃下干露充空气组（CDa）和 20℃下干露充空气组（ADa）。图 5-12 为不同干藏条件下活品扇贝闭壳肌的 SOD 活性变化，在温度胁迫下，常温（20℃）条件下的 SOD 活性明显高于冷却（4℃），事实上，常温组遭受胁迫之严重导致扇贝很快死亡；在缺氧胁迫下，充气组的 SOD 活性相比于充氧组较高，说明缺氧胁迫造成 SOD 活性激活；随着干露时间的延长，三个处理组的 SOD 活性整体呈现上升趋势。表明温度、缺氧等胁迫均引起虾夷扇贝闭壳肌中 SOD 活性应答。

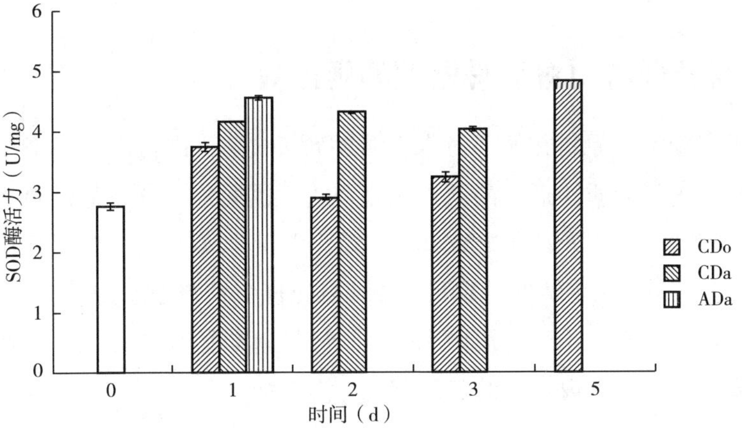

图 5-12　不同干藏条件下活品闭壳肌的 SOD 活性

3. 抗氧化酶 CAT

将贝类分成三个处理组，分别为 4℃下干露充氧组（CDo），4℃下干露充空气组（CDa）和20℃下干露充空气组（ADa）。不同干藏条件下扇贝闭壳肌的CAT活性变化如图5-13所示，常温充气组CAT酶活呈现上升趋势，而冷却充氧组和冷却充气组呈现下降趋势。当机体受到胁迫产生氧自由基时，超氧化物歧化酶会迅速作出应答，将氧自由基转变成过氧化氢，随后过氧化氢在CAT和谷胱甘肽过氧化物酶（GPx）的共同作用下进一步被分解为水等，从而降低对机体的损害。本研究中，CAT未作出明显应答可能是由于SOD的应答产物过氧化氢已在谷胱甘肽过氧化物酶的作用下被部分分解，但具体原因仍需进一步探索。

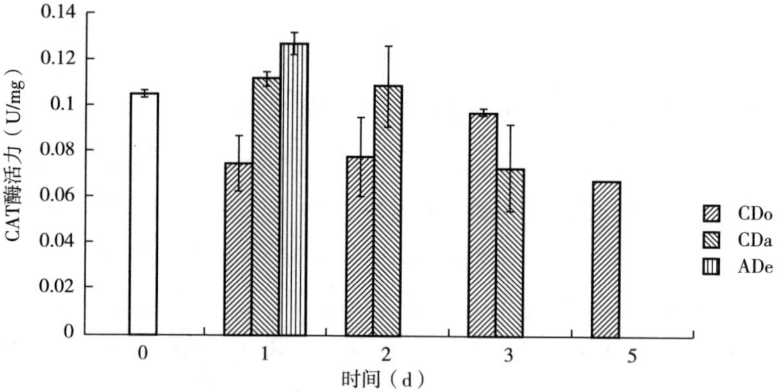

图5-13　不同干藏条件下活品闭壳肌的CAT活性

三、易逝期胁迫对后易逝期的延迟效应

将运抵实验室的原料在循环海水中缓冲暂养24h，进行品质易逝期阶段的模拟。原料分别进行品质易逝期的胁迫处理：①干露胁迫（缓冲后扇贝放置在泡沫箱内，覆盖浸湿的海绵及冰袋贮藏36h，箱内温度为4~6℃，湿度维持在83.9%左右）。②碰击胁迫（将缓冲后扇贝于1m高处自由跌落至水泥地，连续15次反复摔打后，用同样方式干藏或湿藏36h）和后易逝期复水处置（将上述易逝期胁迫处理组扇贝放入循环海水系统中复水3d）。

1. 干露胁迫下的生理代谢及可恢复性

（1）ATP关联化合物含量及AEC值

易逝期及复水干露后胁迫虾夷扇贝ATP关联化合物含量及AEC值变化如图5-14所示。易逝期0~36h内，干露E组的ATP含量前12h基本保持不变，

12~36h 后 ATP 含量由 5. 52μmol/g 缓慢下降到 4. 84μmol/g，相应的 ADP 含量由 0. 49μmol/g 上升到 1. 10μmol/g；AEC 值从 24h 后有明显下降。后易逝期内活品扇贝逐渐恢复有氧呼吸，ATP 及关联物趋于初始状态，AEC 也恢复至 95%。

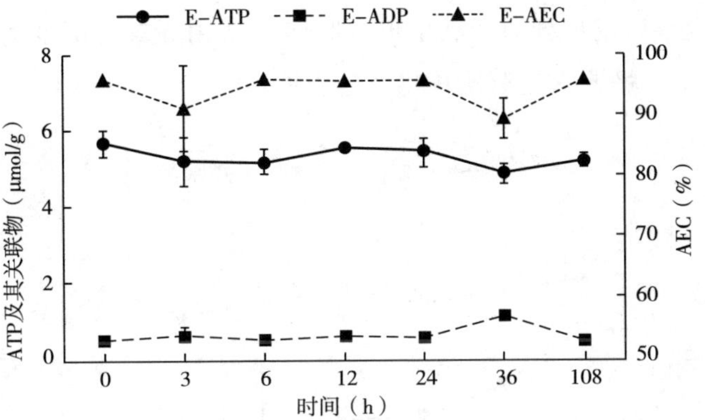

图 5-14 易逝期及复水干露胁迫虾夷扇贝 ATP 关联化合物含量及 AEC 值

（2）ArP 含量

易逝期及复水干露后胁迫虾夷扇贝 Arp 含量变化如图 5-15 所示。活品扇贝在缺氧环境中处于应激状态，并大量消耗 ATP，在磷酸精氨酸激酶作用下 ArP 合成 ATP 为干露贮藏提供能量。Arp 含量在易逝期开始 3h 内明显下降，在 36h 是达到最小值 6. 34μmol/g，复水后恢复至 9. 16μmol/g。

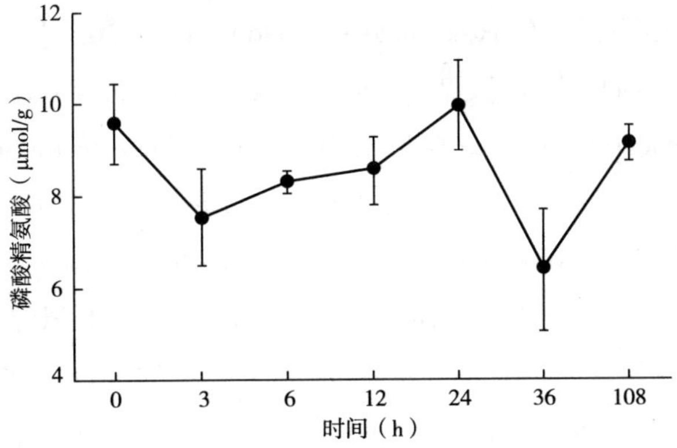

图 5-15 易逝期及复水干露胁迫虾夷扇贝 ArP 含量

(3) pH 和糖原含量

易逝期及复水干露后胁迫虾夷扇贝 pH 和糖原含量变化如图 5-16 所示。琥珀酸厌氧终产物逐渐积累导致 pH 在 12h 后逐渐下降，复水后 pH 恢复至 7.29。糖原是扇贝主要的储能物质，有助于贝类在干露、饥饿等条件下维持机体正常生理代谢，所以糖原含量在易逝期开始后持续降低，在 24h 时达到最小值 24.82mg/g，复水后扇贝糖原活品扇贝的呼吸方式由无氧呼吸变为有氧呼吸，生理代谢恢复正常，糖原含量有所积累，应答明显。

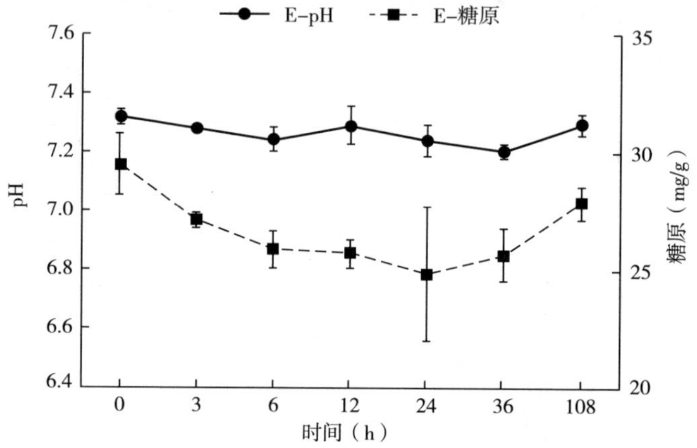

图 5-16 易逝期及复水干露胁迫虾夷扇贝 pH 和糖原含量

(4) 代谢特征

活品虾夷扇贝干露 36h 后肌肉中有 34 个代谢物发生显著变化，其中有 28 个上调，包括二十碳五烯酸（eicosapentaenoic acid），PC（16：0/16：0），一磷酸硫胺素（thiamine monophosphate），D-核糖-5-磷酸（D-ribose-5-phosphate），硬脂酰肉毒碱（stearoylcarnitine），L-棕榈酰肉碱（L-palmitoylcarnitine），溶血磷脂酰胆碱［LysoPC（18：0）］，泛酸盐（pantothenate），L-去甲亮氨酸（L-norleucine），L-哌啶酸（L-pipecolic acid）D-脯氨酸（D-proline），乙醇酸盐（glycolate），L-肉碱（L-carnitine），琥珀酸酯（succinate），5′-脱氧腺苷（5′-deoxyadenosine），甘油磷酸胆碱（glycerophosphocholine），D-葡萄糖酸盐（D-gluconate），苯乙酰甘氨酸（phenylacetylglycine），L-谷氨酸（L-glutamate），反式肉桂酸酯（trans-cinnamate），(*S*)-2-氨基丁酸［(*S*)-2-aminobutyric acid］，L-焦谷氨酸（L-pyroglutamic acid）L-葡糖碱（L-saccharopine），S-乳糖基谷胱甘肽（S-lactoylglutathione)，D-核酮糖-1，5-二磷酸（D-ribulose-1，5-bisphosphate)，香兰素（vanillin)，精氨酰酪氨酸（arginyl-tyrosine)，3′-磷酸腺苷-5′-磷酸硫酸盐（PAPS)；有 6 个下调，包括岩次酸（petroselinic acid)，α-亚麻酸（alpha-linolenic acid)，亚油酸（linoleic acid)，山嵛酸（behenic acid)，甘油酸（glyceric acid)，5′-二磷酸鸟苷（GDP)。活品虾夷扇贝干露胁迫下涉及的主要代谢通路有磷酸戊糖途径（pentose phosphate pathway)，乙醛酸和二羧酸代谢（glyoxylate and dicarboxylate metabolism）和不饱和脂肪酸生物合成（biosynthesis of unsaturated fatty acids)。虾夷扇贝易逝期干露胁迫下的代谢网络如图 5-17 所示。

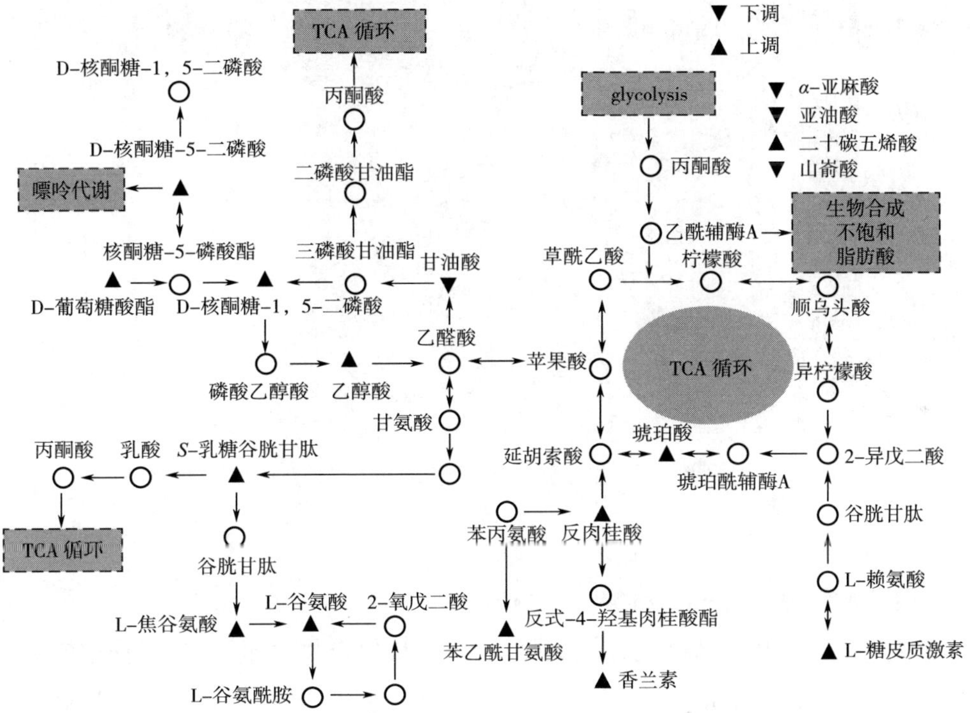

图 5-17 虾夷扇贝易逝期干露胁迫下的代谢网络

活品虾夷扇贝干露 36h 后进行复水 3d，虾夷扇贝的品质得到恢复，在干露胁迫下的 34 个差异代谢物中，有 13 个代谢物发生回调，包括二十碳五烯酸（eicosapentaenoic，acid)，琥珀酸酯（succinate)，香兰素（vanillin)，甘油磷酸胆碱（glycerophosphocholine)，溶血磷脂酰胆碱［LysoPC（18：0）］，L-肉碱（L-carnitine)，L-棕榈酰肉碱（L-palmitoylcarnitine)，硬脂酰肉毒碱（stearoylcarnitine)，精氨酰酪氨酸（arginyl-tyrosine），L-去甲亮氨酸（L-norleucine），L-葡糖碱（L-saccharopine）D-葡萄糖酸盐（D-gluconate），5′-脱氧腺苷（5′-deoxyadenosine）。对照组、干露组与复水组的闭壳肌中差异性代谢物变化趋势如图 5-18 所示。该研究结果表明，活品虾夷扇贝品质易逝期干露胁迫下代谢水平改变，导致品质发生劣化；而在复水后部分代谢物发生回调，品质得以恢复。

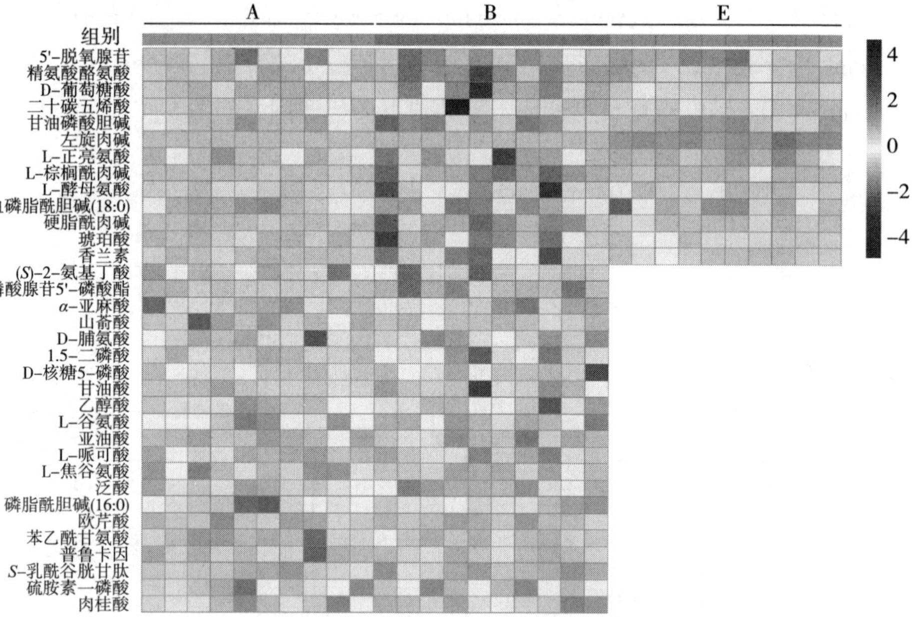

图 5-18　对照组、干露组与复水组的闭壳肌中差异性代谢物的热图分析

2. 碰击胁迫下的生理代谢及可恢复性

（1）ATP 关联化合物含量及 AEC 值

易逝期碰击及后易逝期虾夷扇贝 ATP 关联化合物含量，以及 AEC 值变化如图 5-19 所示。碰击后 3h 时，ATP 关联物及 AEC 均出现下降，后和对照组（C）逐渐趋于稳定；24h 后，活品扇贝能量代谢产物出现明显下降；在 36h 时，ATP 关联物在易逝期内达到最小值 3. 83μmol/g，ADP 响应上升至 1. 39μmol/g，AEC 值同样在 36h 达最小值 82. 67%。后易逝期内碰击组较对照组相比，虾夷扇贝的 ATP 含量和 AEC 持续下降，在循环海水贮藏活力并未恢复，3d 后死亡率达到 50%。

（2）ArP 含量

易逝期碰击及后易逝期虾夷扇贝 Arp 含量如图 5-20 所示。碰击组 Arp 含量

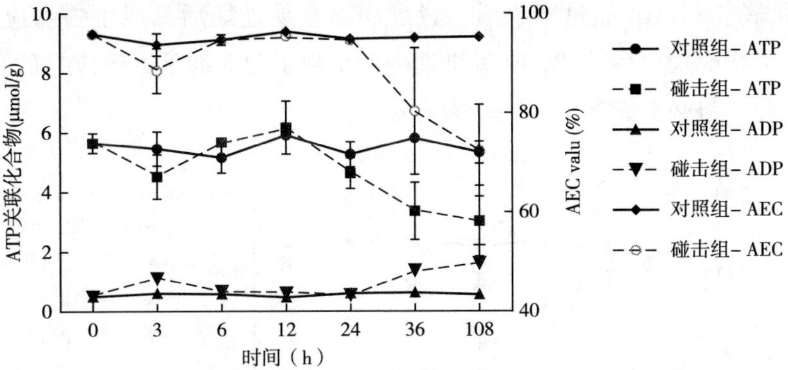

图 5-19　易逝期及后易逝期碰击胁迫虾夷扇贝 ATP 关联化合物含量及 AEC 值

在 24h 内稍有波动，24h 下降剧烈，易逝期结束时达到最小值 4. 86μmol/g；后易逝期含量未恢复，在 3d 内持续下降至 4. 28μmol/g。

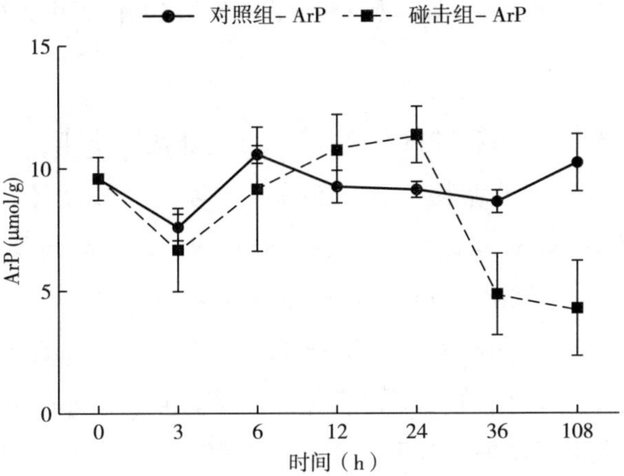

图 5-20　易逝期及后易逝期碰击胁迫虾夷扇贝 ArP 含量

（3）pH 和糖原含量

易逝期碰击及后易逝期虾夷扇贝 pH 和糖原含量如图 5-21 所示。pH 含量在贮藏过程中变化不明显，碰击后由于活品应激反应产生酸性物质积累在细胞中，所以 0~6h pH 呈下降趋势；由于扇贝始终贮藏在有氧环境中，所以 pH 在 6h 后逐渐恢复。糖原是生物体中糖类的储存形式，强烈胁迫后扇贝消耗大量能量物质恢复，糖原为维持机体正常生理代谢在易逝期前 3h 大量被消耗，最低值为 22. 01mg/g，后期逐渐恢复。虽然 pH 和糖原含量在后易逝期变化不明显，但是从 ATP 关联物和 Arp 能量产物看，过度碰击在易逝期活品产生强烈应激反应，对扇贝活力影响是滞后性的，在易逝期内就出现了明显的延迟效应且后易逝期品质不可恢复，势必会影响活品的货架寿命。

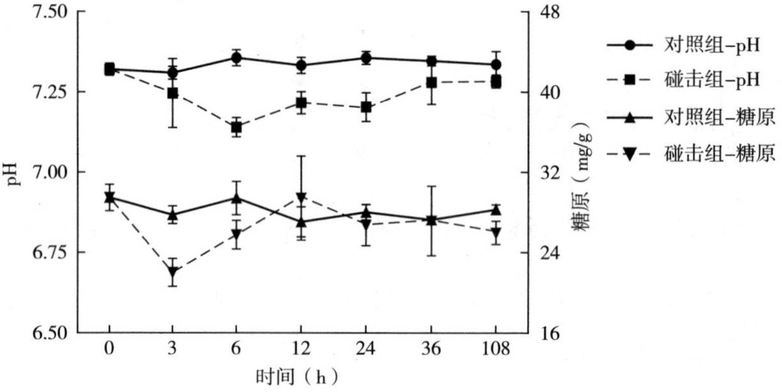

图 5-21　易逝期及后易逝期碰击胁迫虾夷扇贝 pH 和糖原含量

（4）代谢特征

活品虾夷扇贝碰击胁迫后进行湿藏 36h，相比于无碰击组，有 18 个代谢物发生了显著性变化，其中 10 个代谢物上调，包括 4-羟基苯甲酸酯（4-hydroxybenzoate），苯基丙酮酸盐（phenylpyruvate），邻氨基苯甲酸（anthranilic acid），L-亮氨酸（L-leucine），三甲胺 *N*-氧化物（trimethylamine N-oxide），2-苯基丁酸（2-phenylbutyric acid），异己酸（isocaproic acid），2-氧代己二酸（2-oxoadipic acid），3-磷酸丝氨酸（3-phosphoserine），2′，4′-二羟基苯乙酮（2′，4′-dihydroxyacetophenone）；8 个代谢物下调，包括胞苷三磷酸（CTP），PC［18：1（9*Z*）/18：1（9*Z*）］，*S*-腺苷-L-半胱氨酸（*S*-adenosyl-L-homocysteine），UDP-*N*-乙酰葡糖胺（UDP-*N*-acetylglucosamine，3-磷酸甘油（glycerol-3-phosphate），尿苷二磷酸葡萄糖（UDP-D-葡萄糖）（uridine diphosphate glucose），2-磷酸甘油酸（2-phosphoglycerate），谷胱甘肽（glutathione）（图 5-22）。活品虾夷扇贝碰击胁迫下涉及的主要代谢通路有氨基酸的生物合成（biosynthesis of amino acids）和半胱氨酸和蛋氨酸代谢（cysteine and methionine metabolism）。虾夷扇贝易逝期碰击胁迫下的代谢网络如图 5-23 所示。该研究结果表明活品虾夷扇贝品质易逝期的碰击胁迫导致代谢水平改变，影响后续活品贮藏稳定性。

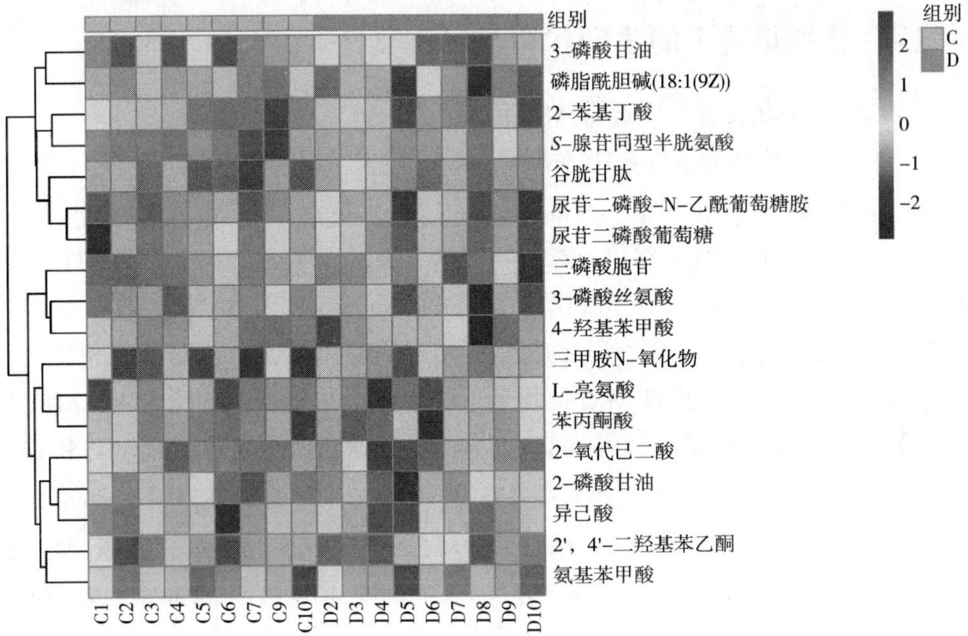

图 5-22　虾夷扇贝对照组与碰击组的闭壳肌中差异性代谢物的热图分析

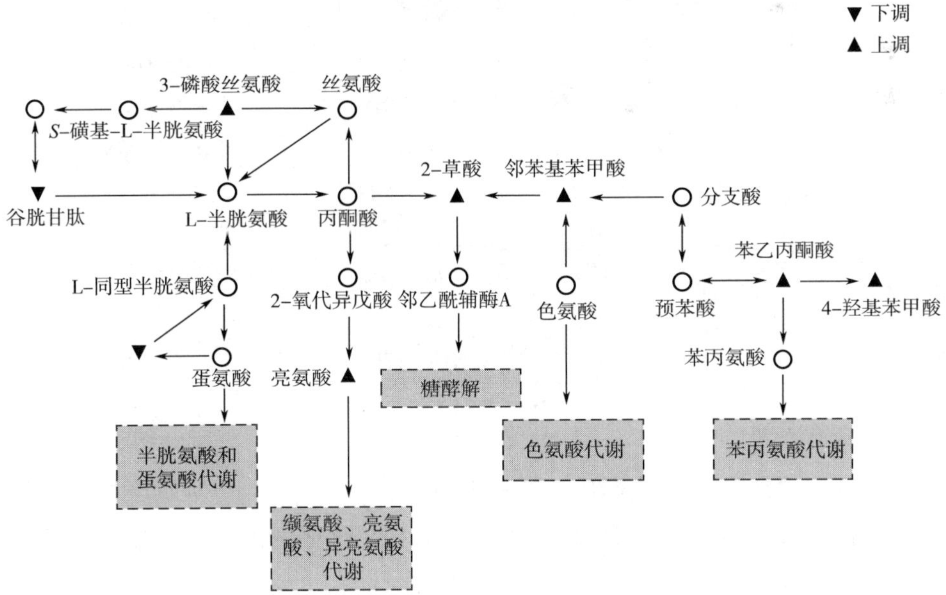

图 5-23　虾夷扇贝易逝期碰击胁迫下的代谢网络

四、叠加胁迫下的生理代谢及可恢复性

（1）ATP 关联化合物含量及 AEC 值

易逝期内活体虾夷扇贝 ATP 关联化合物含量及 AEC 值变化如图 5-24 所示。干露 E 组的 ATP 含量在 0～36h 内：前 12h 基本保持不变，12～36h 后由 5.52μmol/g 缓慢下降到 4.84μmol/g。与对照组相比，摔打干露 E-S 组 ATP 含量在 12h 后下降幅度明显，36h 达到最小值 3.89μmol/g。同时，E 组与 E-S 组 ADP 含量在 24h 之内变化趋势相似，之后两组 ADP 含量均增加。与对照组相比，易逝期内两处理组虾夷扇贝的 AEC 值均呈下降趋势。初始点 I 扇贝 ATP、ADP 及 AEC 分别为 5.65μmol/g，0.49μmol/g 及 95%；复水后两个处理组的 ATP 和 AEC 的恢复性均出现明显差异，干露 E 组 ATP 和 AEC 分别由易逝期的 4.84μmol/g 及 91%恢复至 5.21μmol/g 及 96%，接近初始点 I；摔打干露 E-S 组 ATP 及 AEC 则未恢复且持续下降，由易逝期的 3.90μmol/g 及 94%下降到 3.52μmol/g 及 79%。

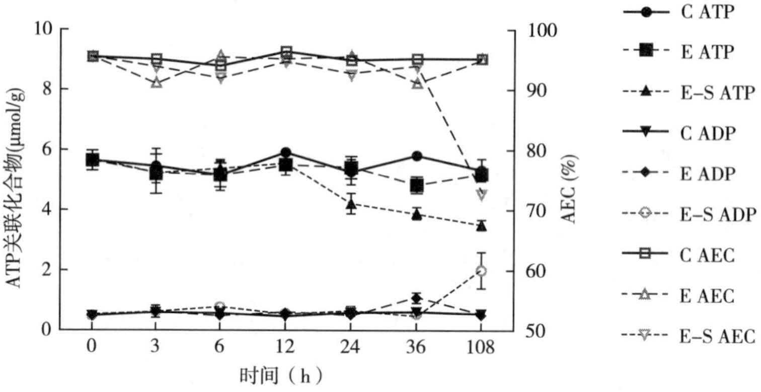

图 5-24　易逝期及复水双重胁迫虾夷扇贝 ATP 关联化合物含量及 AEC 值

（2）ArP 含量

易逝期内活体虾夷扇贝 ArP 含量变化如图 5-25 所示。与对照组相比，干露 E 组和摔打干露 E-S 组在短期的 12h 内，ArP 变化趋势的差异不明显，均呈下降趋势；随着干露时间延长，二者呈现明显差异，E-S 组的 ArP 下降趋势比 E 组更加明显。复水后活体虾夷扇贝 ArP 含量恢复至 9.16μmol/g，与对照组接近；虽然摔打干露 E-S 组 ArP 含量在冷却干露结束时与初始 ArP 含量无显著差异，但复水 3d 后持续下降至 4.38μmol/g。

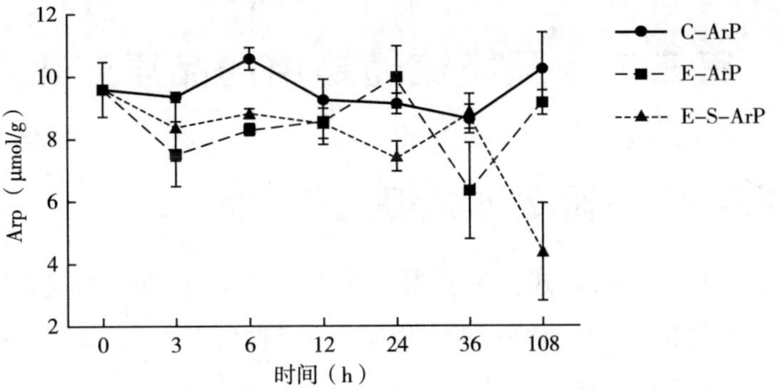

图 5-25　易逝期及复水双重胁迫虾夷扇贝 Arp 含量

（3）pH 和糖原含量

易逝期内活体虾夷扇贝肌肉 pH 和糖原含量变化如图 5-26 所示。与对照组相比，干露 E 组 0~36h 肌肉 pH 呈缓慢下降趋势，两处理组在易逝期前 12h 下降趋势相似。摔打干露 E-S 组在 12h 后下降趋势比 E 组更加明显，在 36h 达到最小值 7.17。干露 E 组和摔打干露 E-S 组易逝期内糖原含量均呈下降趋势，随着干露时间延长，E-S 组的糖原含量在 12h 后快速下降，36h 时糖原含量仅有初始值的 65%。复水 3d 后，干露 E 组虾夷扇贝肌肉 pH 恢复到 7.29，与初始点肌肉 pH 7.32 接近；而摔打干露 E-S 组在冷却干露结束后 pH 继续下降至 6.90，与初始值具有显著差异。复水 3d 后，干露 E 组扇贝糖原含量恢复至 27.84mg/g；摔打干露 E-S 组在冷却干露期间糖原显著下降，且复水后无明显变化。

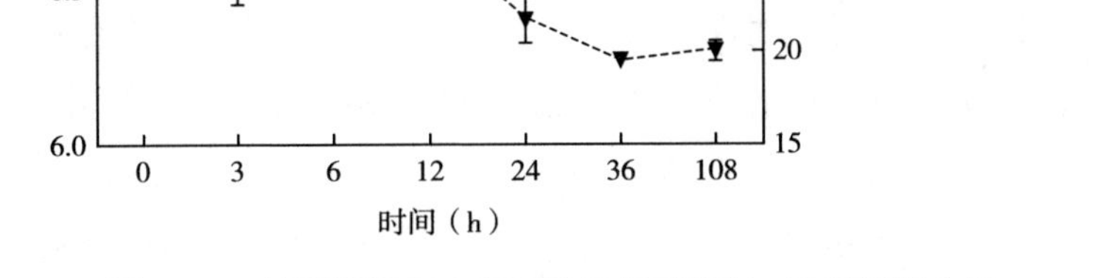

图 5-26　易逝期及复水双重胁迫虾夷扇贝 pH 和糖原含量

第三节　贝类流通链中的品质变化

一、虾夷扇贝流通链中的品质变化

根据产业现有的流通模式，建立湿运和干运 2 条模拟流通链进行为期 7d 的跟踪研究，分为模拟净化（D0-D4）和模拟运输（湿运：D5w、D6w、D7w；干运：D5d、D6d、D7d），如图 5-27 所示。

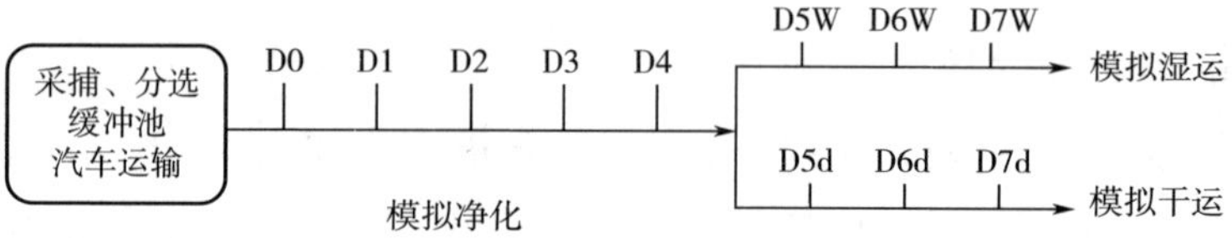

图 5-27　模拟流通过程

（一）活品流通过程中感官特性的变化

沿湿运链的活品虾夷扇贝流通过程的感官评价主成分分析结果如图 5-28 所示，相关载荷图中的感官属性缩写见表 5-12。由图 5-28 可知，前 2 个主成分的累计贡献率为 81%，反映了原指标的大部分信息。样品 D0～D7w 沿主成分 1（PC1）明显区分开来，且对样品整体差异的解释能力达 68%，远大于主成分 2（PC2）13%的差异解释能力。样品 D1、D2、D3 和 D4 沿 PC1 具有正的载荷量，与 T-海鲜味（T-SF）、AT-鲜味（AT-UM）、AT-甜味（AT-ST）、O-海鲜味（O-SF）、T-甜味（T-ST）、O-鱼腥味（O-FS）、AT-海鲜味（AT-SF）、T-土腥味（T-ET）、O-土腥味（O-ET）、T-鲜味（T-UM）、T-鱼腥味（T-FS）、颜色（Col）、Tx-多汁性（Tx-JC）、O-硫味（O-SP）、T-奶香味（T-DR）、O-土豆泥味（O-BP）16 个感官属性具有一定的相关性，且载荷量均在 0.5 以上，主要反映了样品鲜美、甘甜的感官特性。流通 0d、5d、6d 和 7d 的样品沿 PC1 具有负的载荷量，与 AT-苦味（AT-BT）、Tx-涩味（Tx-AS）、T-酸味（T-SR）3 个感官属性略有关联（载荷量小于 0.5）。其中，样品 D3 最相关的典型感官特征为 T-海鲜味（T-SF）、AT-鲜味（AT-UM）、AT-甜味（AT-ST）、O-海鲜味（O-SF）；样品 D2 与感官特征 O-土腥味（O-ET）、O-鱼腥味（O-FS）、T-土腥味

（T-ET）具有相关性；样品 D4 在感官特征 T-鲜味（T-UM）、T-鱼腥味（T-FS）、Tx-多汁性（Tx-JC）方面得分较高；样品 D1 表现出了 T-奶香味（T-DR）、O-土豆泥味（O-BP）、O-硫味（O-SP）的感官特征。值得关注的是，样品 D0 出现了 AT-苦味（AT-BT）、T-苦味（T-BT）及 Tx-黏滞性（Tx-AD）的感官特性。而与样品 D5、D6 和 D7 的与有相关性的感官特征为 Tx-涩（Tx-AS）和 T-酸味（T-SR）。由此可推断，净化阶段（D1～D4）并未对样品的感官品质起负面影响，且以样品 D3 最为鲜美、甘甜；与此相反，运输阶段作为一个重要的胁迫因素，使扇贝样品开始出现酸、涩等不良风味，这与 Anacleto 等（2013）的研究结果相一致。

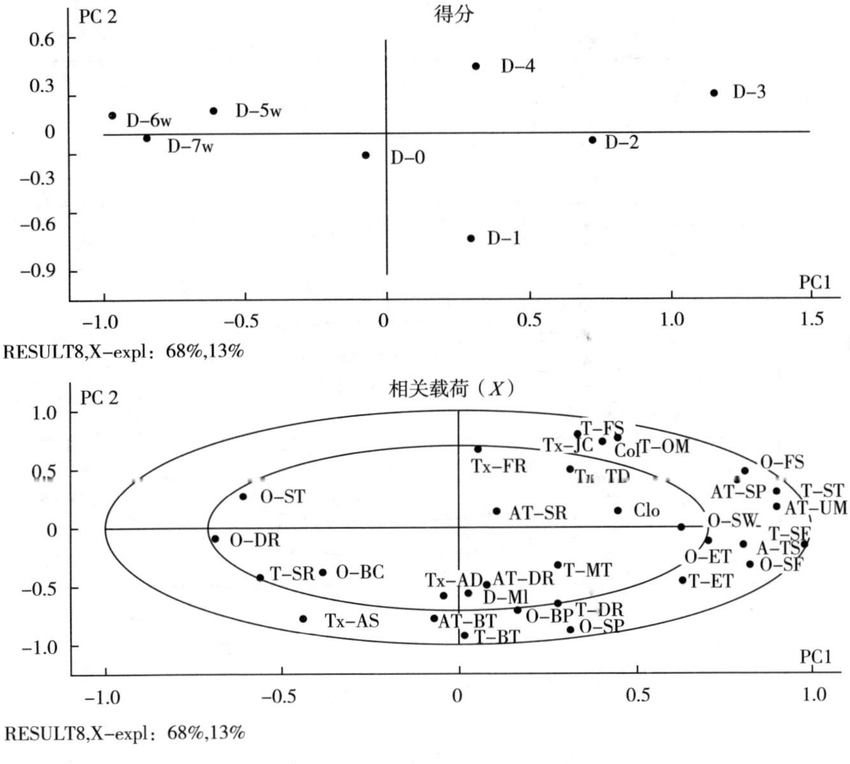

图 5-28　沿湿运链的扇贝主成分分析双标图

对干运链流通过程的活品虾夷扇贝进行感官评价，主成分分析结果显示如图 5-29 所示，相关载荷图中的感官属性缩写见表 5-12。前 2 个主成分的累计贡献率为 71%，样品 D2、D3 和 D4 沿 PC1 具有正的载荷量，具有的典型感官特性为 T-甜味（T-ST）、AT-甜味（AT-ST）、O-海藻味（O-SW）、T-海鲜味（T-SF）、

AT-鲜味（AT-UM）、O-鱼腥味（O-FS）、T-甜味（T-ST）；样品 D0、D6 和 D7 沿 PC1 具有负的载荷量，其中样品 D7 与 T-酸味（T-SR）具有显著相关性（相关载荷大于 0.5）。由此可以推断，干运不适用于长时间的运输（≥3d）。与湿运链的感官分析结果相似，干运链中同样以样品 D3 最为鲜美、甘甜，净化（D1～D4）过程并未对样品的感官品质起负面影响，且样品 D0、D6 和 D7 同样表现出 T-酸味（T-SR）；与湿运链不同的是，干运链中样品 D5 与 D1 感官特征相似，相关感官特征表现为 T-奶香味（T-DR），说明对于短期运输干运效果优于湿运。

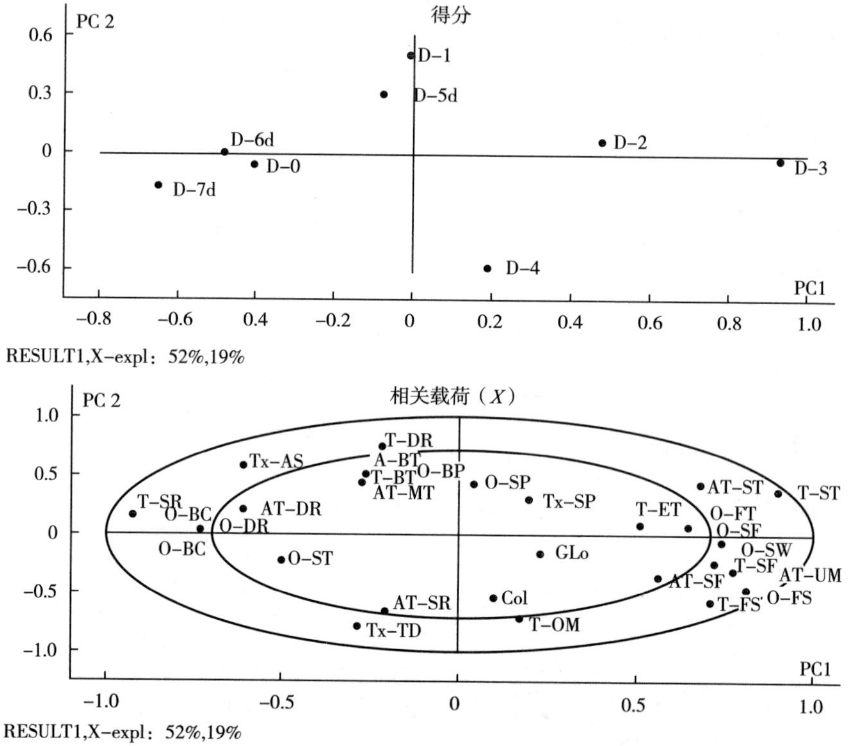

图 5-29　沿干运链的扇贝主成分分析双标图

表 5-12　感官描述词与缩写

属性（缩写）	数量/个	描述词（缩写）
气味（O）	9	O-海鲜味（O-SF）；O-鱼腥味（O-FS）；O-土腥味（O-ET）；O-土豆泥味（O-BP）；O-玉米味（O-BC）；O-甜味（O-ST）；O-海藻味（O-SW）；O-奶香味（O-DR）；O-硫味（O-SP）

续表

属性（缩写）	数量/个	描述词（缩写）
滋味（T）	9	T-鲜味（T-UM）；T-甜味（T-ST）；T-海鲜味（T-SF）；T-奶香味（T-DR）；T-土腥味（T-ET）；T-鱼腥味（T-FS）；T-金属味（T-MT）；T-酸味（T-SR）；T-苦味（T-BT）
后味（AT）	7	AT-海鲜味（AT-SF）；AT-甜味（AT-ST）；AT-鲜味（AT-UM）；AT-鲜奶味（AT-DR）；AT-酸味（AT-SR）；AT-苦味（AT-BT）；AT-金属味（AT-MT）
质地（Tx）	6	纤维感（Tx-FR）；Tx-嫩度（Tx-TD）；Tx-弹性（Tx-SP）；Tx-多汁性（Tx-JC）；Tx-黏滞感（Tx-AD）；Tx-涩味（Tx-AS）
外观（A）	2	颜色（Col）；光泽（Glo）
合计	33	—

(二) 活品流通过程中生化指标的变化

1. 游离氨基酸

活品虾夷扇贝在7天的模拟流通过程中的游离氨基酸含量变化如图5-30所示。18种游离氨基酸的含量检测结果显示，甘氨酸的含量最高，其次为精氨酸、丙氨酸和谷氨酸，此四者含量占18种游离氨基酸总量的93%。而Kaoru等(1996)在研究游离氨基酸导致的虾夷扇贝闭壳肌熟制后变黄的问题时分别测定了活品虾夷扇贝横纹肌、平滑肌以及体腔液中的游离氨基酸含量。结果发现，甘氨酸是活品虾夷扇贝含量最高的游离氨基酸，其次是牛磺酸、精氨酸和丙氨酸，此四种氨基酸占扇贝闭壳肌肌肉中游离氨基酸总数的90%[5]，与本研究测得的结果相一致。由图5-30可知，谷氨酸和甘氨酸的含量均在D1时达到峰值，分别为168.60mg/100g和1807.87mg/100g，此结果与文献报道的虾夷扇贝抽提物中甘氨酸含量（1925mg/100g）相近[6]。随后二者在整体上呈下降趋势，可能是由持续的饥饿、拥挤甚至加冰运输阶段的干露等胁迫因素导致的扇贝生理机能下降所引起。值得关注的是，谷氨酸和甘氨酸均在D0时含量很低，这可能与此时扇贝经历了采捕后的分选、船运及汽运约24h的操作胁迫，抵达实验室时处于高度应激状态有关。干运链中的样品D5和D6在4种主要游离氨基酸上的含量均大于湿运链，在一定程度上说明，对于短期运输，干运效果优于湿运。甘氨酸、丙氨酸和精氨酸均参与了扇贝的能量代谢过程，通常与无氧呼吸进行的程度密切相关。流通过程中，精氨酸含量在整体上呈上升趋势。说明随着流通时间的延长扇贝以无氧呼吸方式产能的程度有所增加，即开始分解有氧呼吸时储存在磷酸精氨酸库中的能量维持基础生命代谢所需的能量，同时也说明在随着流通时间的延长，扇贝受到胁迫的程度逐渐增加，生理代谢机能呈下降趋势。甘氨酸、丙氨酸对扇贝的甜味有重要贡献作用，而精氨酸虽然单独存在时具有苦味，但在扇贝的整体风味中能够增加扇贝风味的复杂性和持久性。单个氨基酸与风味之间有一定的关系。例如，脯氨酸、蛋氨酸、精氨酸和亮氨酸贡献苦味，甘氨酸和丙氨酸贡献甜味，谷氨酸贡献鲜味等。然而，扇贝风味是由多种氨基酸的相对平衡以及不同味感的氨基酸的含量多寡共同决定的。扇贝中特有的甜味是由含量较多的甘氨酸、丙氨酸、甘氨酸-甜菜碱等甘味成分所贡献。有学者指出，甲壳纲动物的肌肉中高含量甘氨酸与其适口性相关联[7]。故扇贝的滋味受较高含量游离甘氨酸的影响。本研究中，甘氨酸含量最高的阶段为模拟流通过程 D1 和 D3，理论上，此时间段的活品虾夷扇贝的滋味应最好。

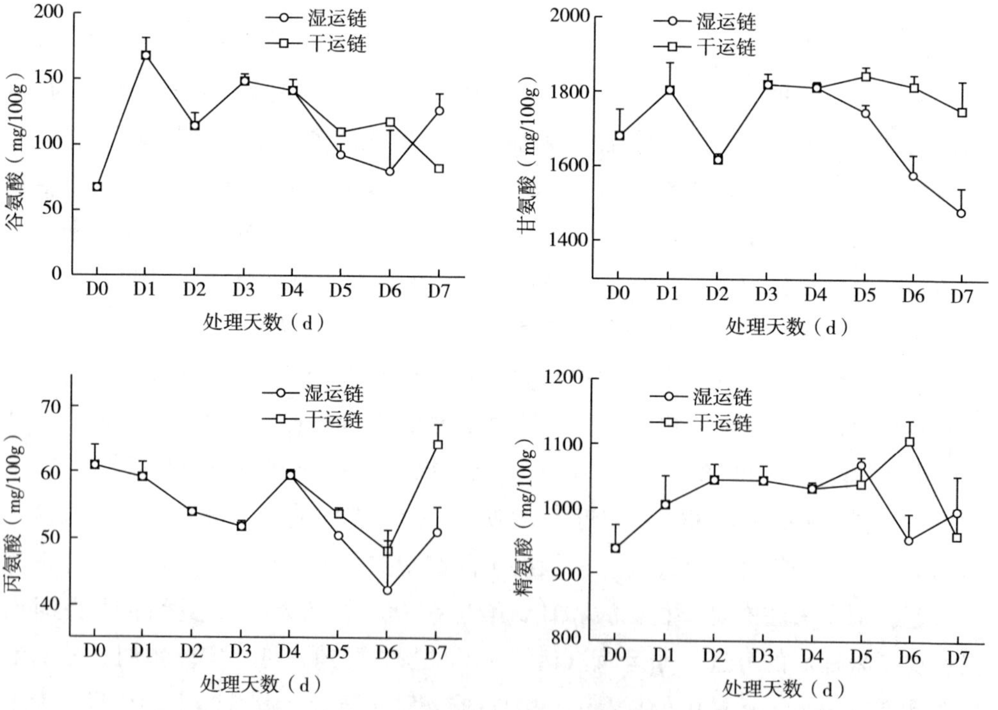

图 5-30　活品虾夷扇贝模拟流通过程中主要游离氨基酸的含量变化

2. 核苷酸关联物

活品虾夷扇贝模拟流通过程的 ATP、ADP、AMP 含量的变化如图 5-31 所示。由图可知，干运链的样品 ATP 含量变化不大，仅样品 D0 和 D7 略低；而对于湿运链，D5 和 D6 的 ATP 水平明显低于干运链，在一定程度上说明短期运输（≤2d）干运效果较好。

ADP 和 AMP 的含量变化趋势相近，均表现为抵达实验室后经过 1d 的胁迫恢复水平快速下降。有研究证实，扇贝无氧代谢时 ATP 的减少量与 AMP 的增加量呈正相关[8]，在一定程度上解释了上述现象。

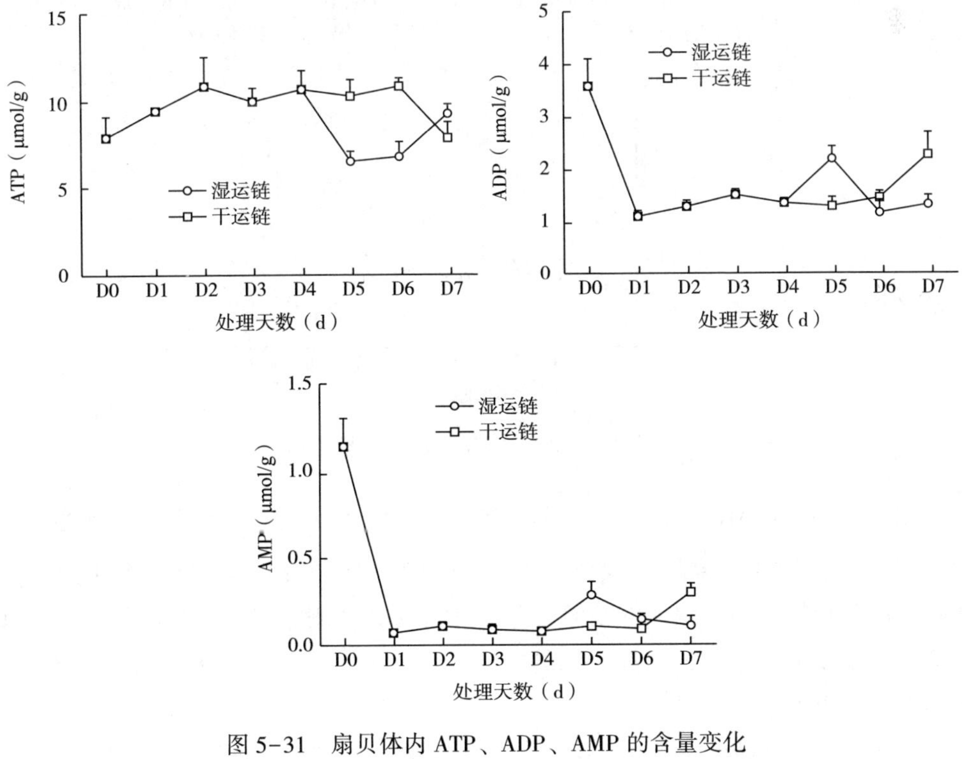

图 5-31　扇贝体内 ATP、ADP、AMP 的含量变化

虾夷扇贝 AdR、HxR、Hx 的含量在模拟流通过程中的变化如图 5-32 所示。此三者的含量较高表示 ATP 降解的程度较大，AdR 和 HxR 沿流通链的含量无显著性差异（$P<0.05$）。值得注意的是，Hx 处于贝类核苷酸代谢途径的末端，其含量越高表示 ATP 降解越彻底。Hx 的含量最然在活品虾夷扇贝中很低，但变化趋势较为明显，净化 1d 时（D0～D1）含量下降，由 0.078μmol/g 降低到 0.042μmol/g；而

与 ATP 的含量变化相反，2 条流通链在运输阶段（D5～D7）均呈现快速上升趋势，尤其以样品 D7 升高最为明显。干运方式不适用于长时间流通的情况。

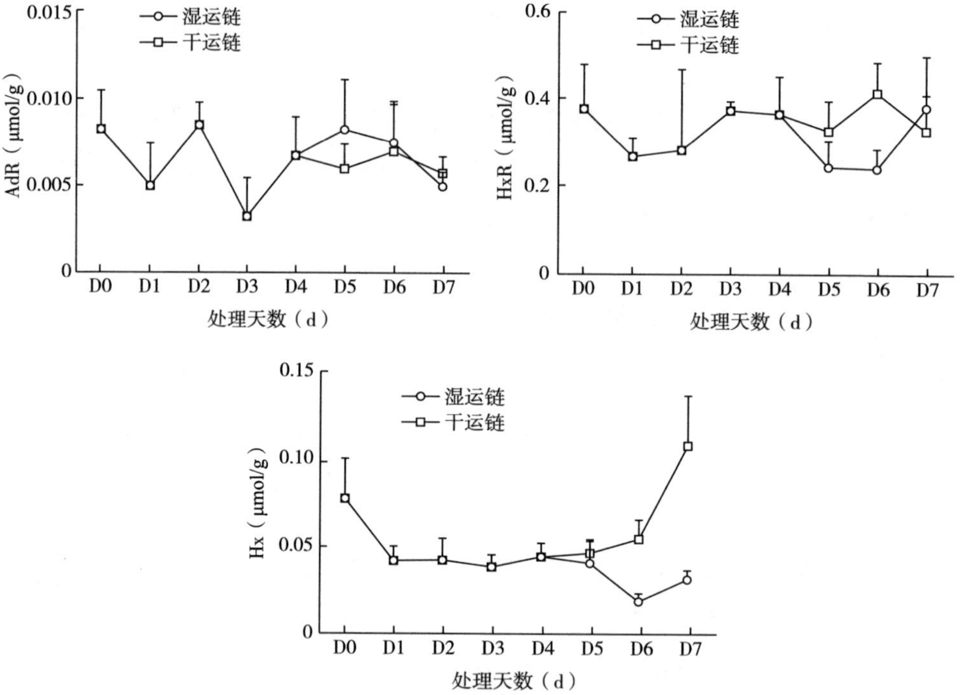

图 5-32　AdR、HxR、Hx 的含量变化

图 5-33 表示 IMP、Ad 和 Xt 沿流通链的含量变化。三者的含量均很低，其中 IMP 和 Ad 在含量最高时（D0）的也仅分别为 0.15μmol/g 和 0.011μmol/g。IMP 可使新鲜的肉品有悦人的新鲜味，为肉制品的风味增强物。而 Hx 的累积则伴随着所期望的水产品的新鲜风味的损失，且产生挥发性的风味。风味物质是水产品鲜味的重要指标[9,10]。

活品虾夷扇贝模拟净化和运输期间的 *K* 值和 AEC 值变化如图 5-34 所示。由图可知，模拟净化期间虾夷扇贝的 *K* 值呈现下降后上升的趋势，其中在 D2 时 *K* 值最低（3%），说明扇贝此时的生命状态最好。在接着进行的模拟运输阶段，*K* 值总体保持上升趋势。在运输开始阶段（D5 和 D6），干运的 *K* 值略小于湿运，但自 D6 开始，干运链的 *K* 值急速上升，上升速度远大于湿运链。这种现象是由于干运过程的温度为 2～4℃，此时扇贝的代谢损耗较湿运链（6～9℃）更低；当干运链进行到 D7 时，仅通过降低代谢耗能已不足以抵消长时间的干露胁迫对其生理产生的影响，

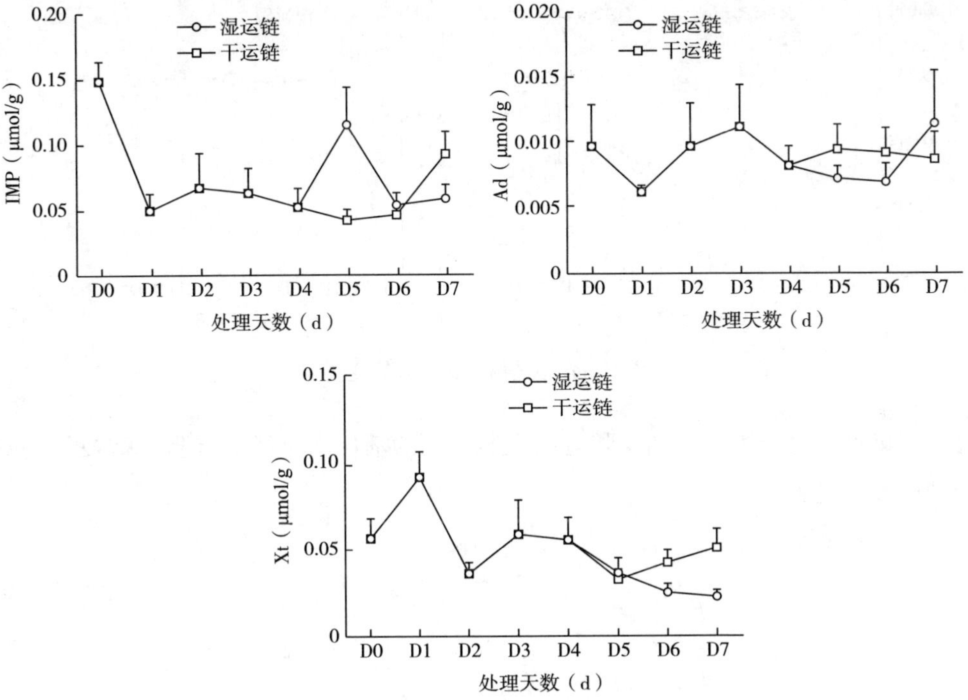

图 5-33　IMP、Ad 和 Xt 的含量变化

这一变化即体现在了 *K* 值的急速上升。同样地，由此可以推断，干运链适合短期运输（≤2d），而湿运适合长期运输（≥3d）。Picado 等（1999）认为 AEC 值与双壳贝内部和外部的胁迫因子具有极强的相关性，而 Maguire（1999）等也认为贝类受到的胁迫越强，消耗的能量越多，AEC 值下降越快[11,12]。由图 5-34 可知，净化过程（D1～D4）对活品流通过程的扇贝 AEC 值影响不大，而运输过程（D5～D7）下降明显，其中湿运又比干运下降明显。值得注意的是，样品 D0 的 AEC 值也明显低于净化阶段的样品，这与 Anacleto（2013）的研究结果相一致，即净化开始阶段活品扇贝状态未从采捕的胁迫条件下恢复，AEC 值较低[13]。

3. 糖原

图 5-35 显示了沿流通链的活品虾夷扇贝糖原含量的变化。糖原含量减少主要是由缺乏食物（糖原主要来源）和动物自身代谢消耗较多引起，具体过程是糖酵解分解糖原为机体提供能量。干运链的糖原含量变化不大，而湿运链后期（D5～D6）样品的糖原含量明显低于相应的干运链样品，也同样说明了干运适合短期运输（≤2d）。针对图中显示的样品 D7 的糖原含量升高现象，我们可以认

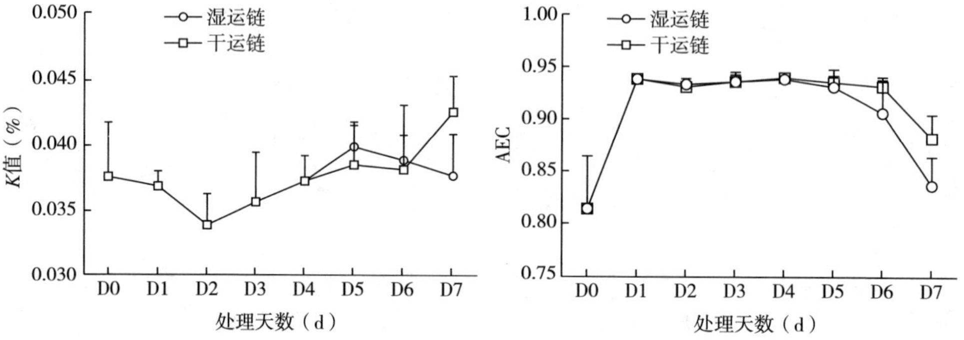

图 5-34　*K* 值和 AEC 值的变化

为由于扇贝长时间饥饿处理，随着闭壳肌糖原的消耗同时伴随有脂肪酸或氨基酸的糖原异生过程。

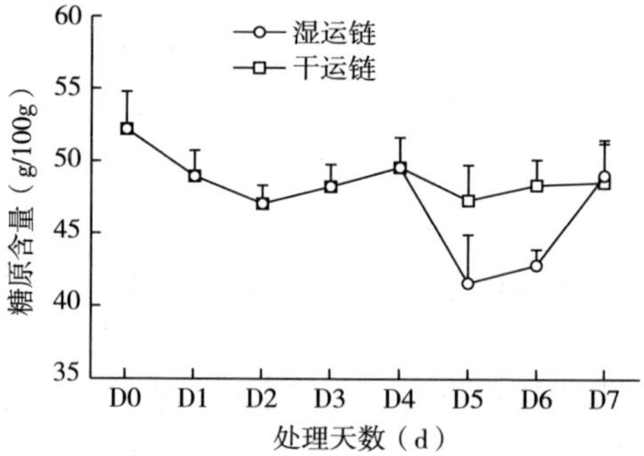

图 5-35　糖原含量的变化

4. 胶原蛋白

活品虾夷扇贝沿流通链的胶原蛋白含量如图 5-36 所示。由图可知，随着流通天数的增加，胶原蛋白含量呈上升趋势，在 D4 达到峰值之后，变化不太明显。说明在模拟流通的前 4 天，扇贝的嫩度表现较好，但胶原蛋白含量的此变化趋势也可能是由不同扇贝样品的渗透调节能力的差异导致的肌肉的含水量不同造成的。

5. pH

体腔液是扇贝有氧呼吸的供氧以及代谢废物排放的媒介，扇贝体腔液 pH 的变化在一定程度上可反映活品扇贝的生理状态。在模拟商业流通过程中，活品虾夷扇贝体腔液 pH 的变化如图 5-37 所示。由图 5-37 可知，在误差允许范围内，pH 并未呈现明显变化。

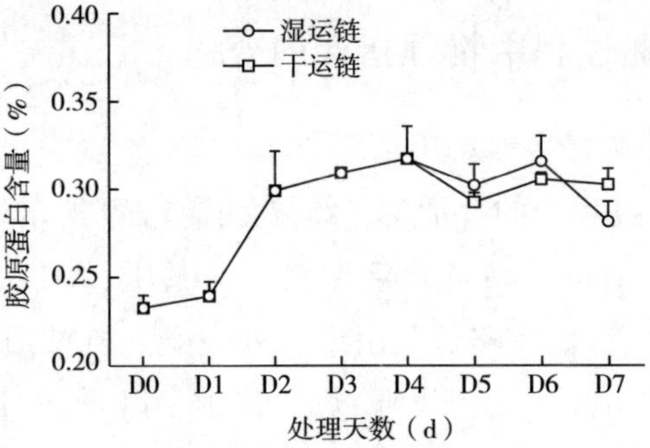

图 5-36　胶原蛋白含量

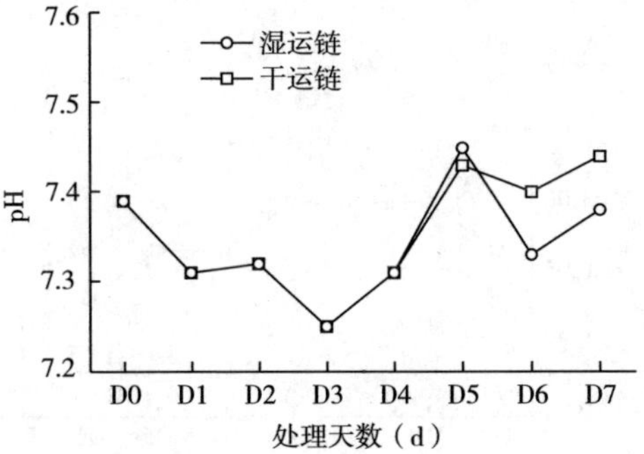

图 5-37　扇贝体腔液的 pH 值变化

扇贝肌肉的 pH 变化，如图 5-38 所示。在净化的前 2 天（D0～D2）快速上升，之后保持在一个相对平稳的值，仅在干运链后期（D6～D7）略有下降。由于模拟过程所用海水的 pH 为 8.03，扇贝肌肉 pH 所表现的出的变化规律说明扇贝的渗透调节能力对其 pH 影响较大。

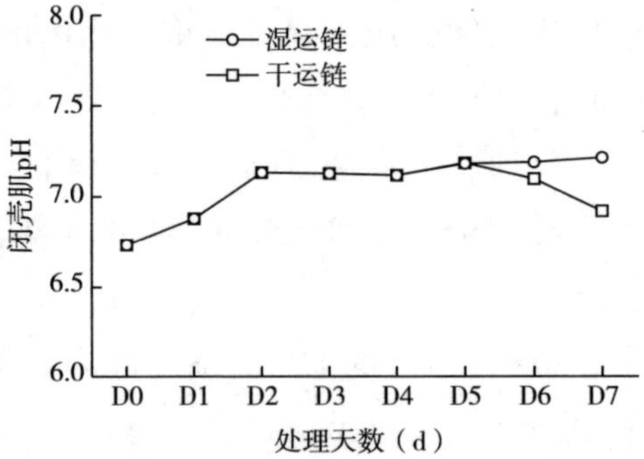

图 5-38　扇贝闭壳肌 pH 值的变化

（三）活品流通过程中物理指标的变化

1. 存活率、闭壳肌得率和肥满度

扇贝在模拟流通过程中的存活率，结果如图5-39所示。由图5-39可知，模拟净化过程中（D1～D4），扇贝存活率较高。其中，D1、D2、D3的存活率为100%，而D0和D4的存活率略低是由扇贝外壳受到机械损伤造成；模拟运输过程（D5～D7）的扇贝存活率呈下降趋势，其中，以干运过程的下降幅度较大，这与干运过程扇贝体腔液急剧减少造成干露胁迫加剧有关。据报道，扇贝在干露过程中，会利用外套膜吸收体腔液中氧气进行缺氧条件下的代谢产能[14]。

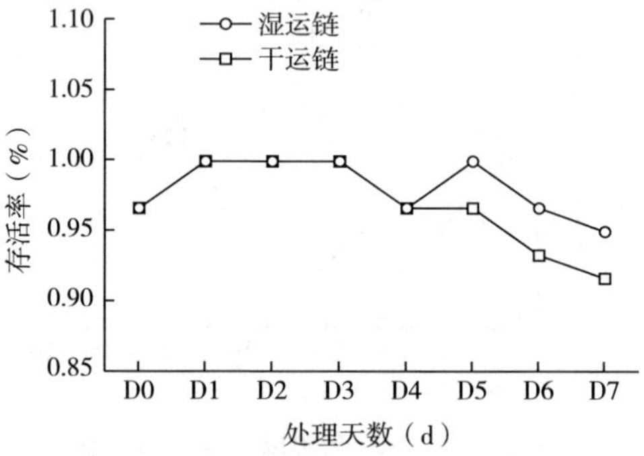

图5-39　扇贝存活率（$n=60$）

模拟流通过程中扇贝的闭壳肌得率变化如图5-40所示。由图5-40可知，模拟净化（D0～D4）和模拟湿运（D5～D7）过程的闭壳肌得率下降较为平缓，说明7天的模拟流通过程对扇贝的闭壳肌得率无显著性影响（$P\leqslant 0.05$），仅呈现了略有下降的趋势；而模拟干运过程扇贝闭壳肌得率快速上升，与此阶段扇贝体腔液的急剧减少有关，使扇贝闭壳肌占扇贝整重的比例增加，即闭壳肌得率增加。该指标对活品扇贝流通的经济收益具有一定的指导意义。

肥满度是反映双壳贝类健康状态的生理指标，综合了波动环境条件下的生理和营养状态，有研究认为双壳贝类的肥满度的降低与饥饿环境下生化储备物的利用有关[13,15]。扇贝的肥满度变化如图5-41所示：净化过程（D1～D4）对扇贝肥满度影响不大，然而干运链后期（D5～D7）的扇贝肥满度快速下降，这与干运过程扇贝体腔液的快速减少有关。此研究结果与Anacleto（2013）的发现相一致，即运输过程的露空等胁迫因素使扇贝体腔液快速减少，引起扇贝肥满度和健康状况的下降[13]。

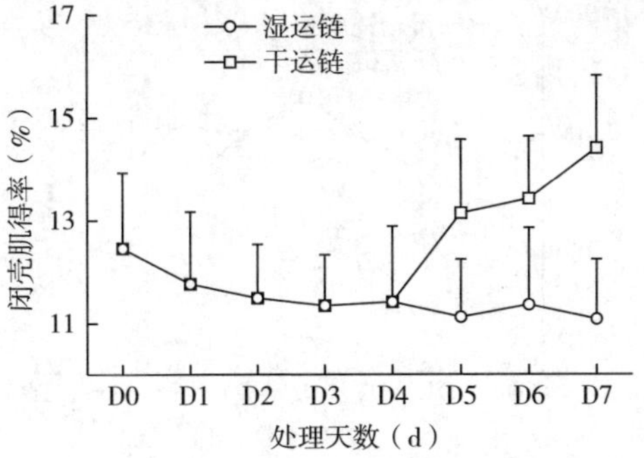

图 5-40　扇贝流通过程的闭壳肌得率变化（$n=30$）

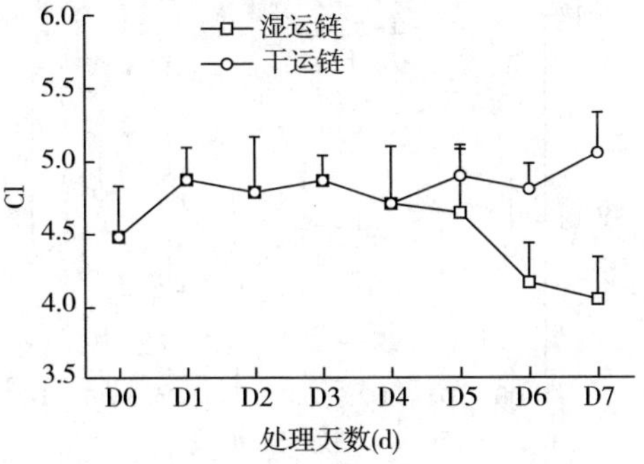

图 5-41　扇贝肥满度变化（$n=30$）

2. 体腔液体积

扇贝体腔液的体积沿流通链的变化如图 5-42 所示。由图可知，扇贝体腔液在净化阶段逐渐增加，D3 时达到峰值；而在模拟湿运阶段呈波动变化，并无显著差异；在模拟干运阶段（D5～D7）迅速下降，其中在干运 D7 时的体腔液体积降低到了峰值 D3 时的 30%。活品扇贝露空时外套膜利用体腔液中的溶解氧进行呼吸产能，体腔液体积过低（干运 D7）反映了扇贝处于不良生理状态[13]。

3. 蒸煮损失率

模拟流通处理对虾夷扇贝闭壳肌蒸煮损失率的影响如图 5-43 所示。沿模拟湿运链的虾夷扇贝闭壳肌蒸煮损失率呈较小幅度的波动变化，说明此流通模式对扇贝闭壳肌的蒸煮损失率影响不大，其中以样品 D4 的蒸煮损失率最低。然而，沿模拟干运链后期（D5～D7）蒸煮损失率明显上升，在一定程度上说明在嫩度方面，干运处理的样品不如湿运样品。

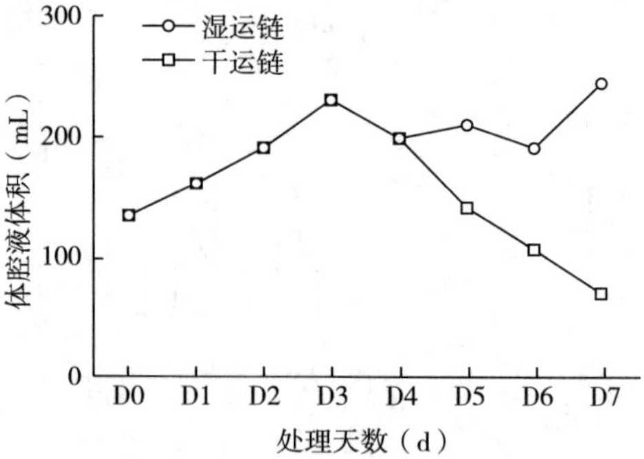

图 5-42　扇贝体腔液的体积变化

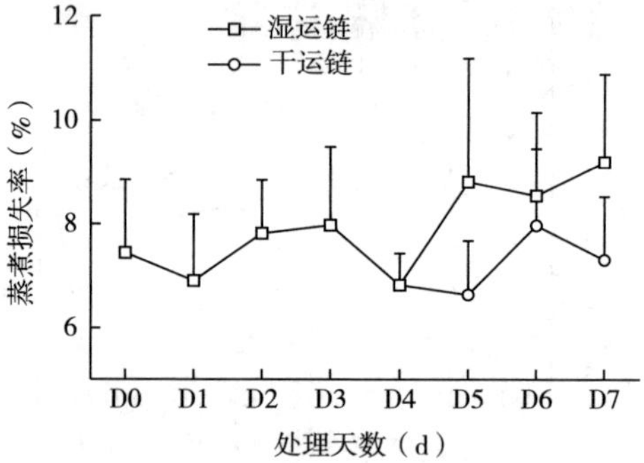

图 5-43　扇贝蒸煮损失率的变化（$n=15$）

4. 质构特性

活品虾夷扇贝沿模拟流通链的全质构变化如图 5-44 所示。对于硬度，模拟净化开始前（D0）扇贝的硬度值较高，为 14.56N，流通过程中扇贝的硬度并无显著性变化。扇贝的黏附性和内聚性随流通时间的增加变化不大，但仍可看出整体呈现缓慢上升的趋势，二者均在模拟湿运后期（D7）达到最高值，分别为 0.13 和 0.70，而运输阶段的扇贝内聚性均大于净化阶段。虾夷扇贝的弹性系数以净化后期（D4）和湿运后期（D7）最高，分别为 0.87 和 0.85，其余阶段并未显示出明显差异。扇贝在模拟净化开始前（D0）表现出了较大的胶黏性，而在模拟干运前期（D5）的胶黏性最小，其余阶段未呈现显著变化。同样的变化趋势也体现在扇贝的咀嚼性中，即最大值和最小值分别体现在模拟净化开始前（D0）和模拟干运前期（D5），其余阶段并未显示出明显差异。

5. 色度

针对 0~7d 模拟流通过程的活品虾夷扇贝的色度变化进行了对比分析，结果

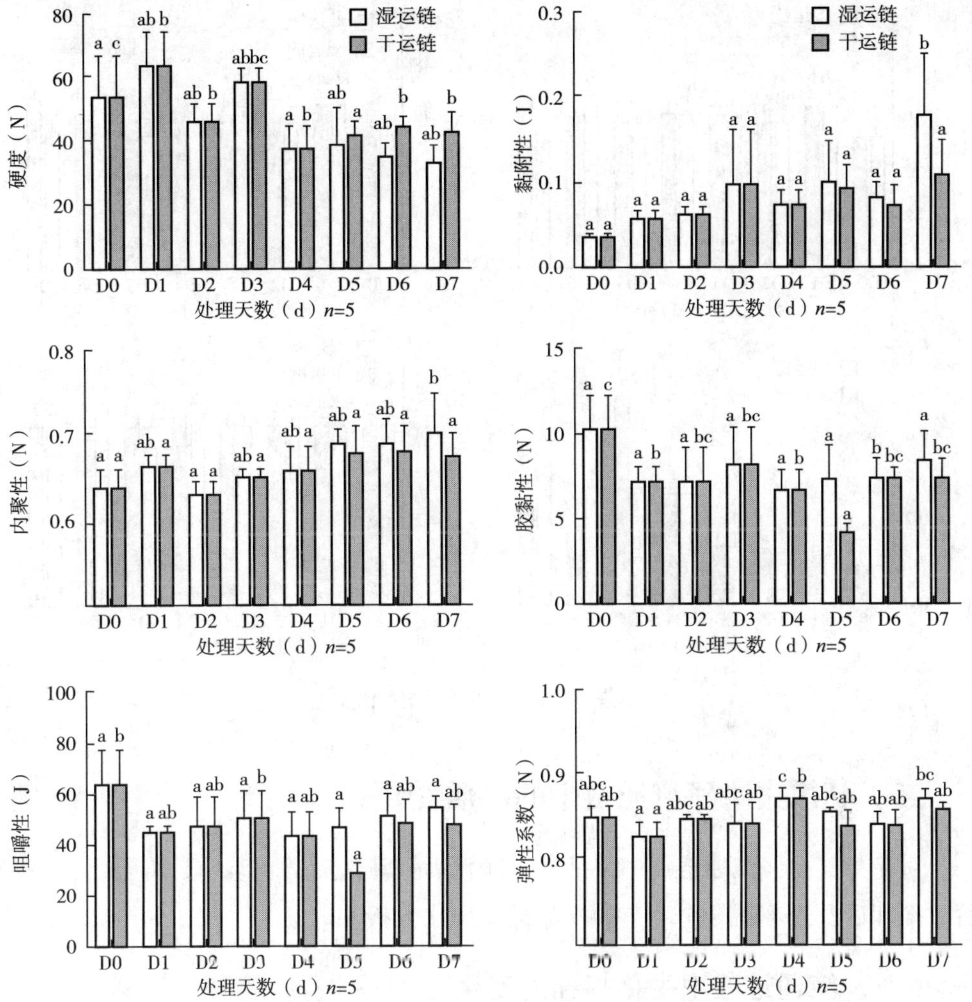

图 5-44　流通过程中扇贝的 TPA 变化图

如图 5-45 所示。对于 L^* 值，除了样品 D6 表现了出较高的 L^* 值（47.0）以及样品 D0 表现出了较小的 L^* 值外，整个流通阶段 L^* 值变化并不明显，说明 L^* 值并不是反映活品虾夷扇贝风味品质变化的理想指标。a^* 值反映的是红度（+）或绿度（-），沿湿运流通链整体呈现增加的趋势，而对于干运链，除干运前期（D5）a^* 值显著较高外，其余阶段呈现缓慢增加的趋势。由图 5-45 可知，无论沿湿运链还是沿干运链，b^* 值均未呈现显著规律性变化。与 L^* 值的检测结果相似，W 值在模拟湿运中期（D6）和模拟干运后期（D7）较高，模拟净化和模拟湿输开始时（D0 和 D5）较低，其余阶段并无显著性差异（$P>0.05$）。

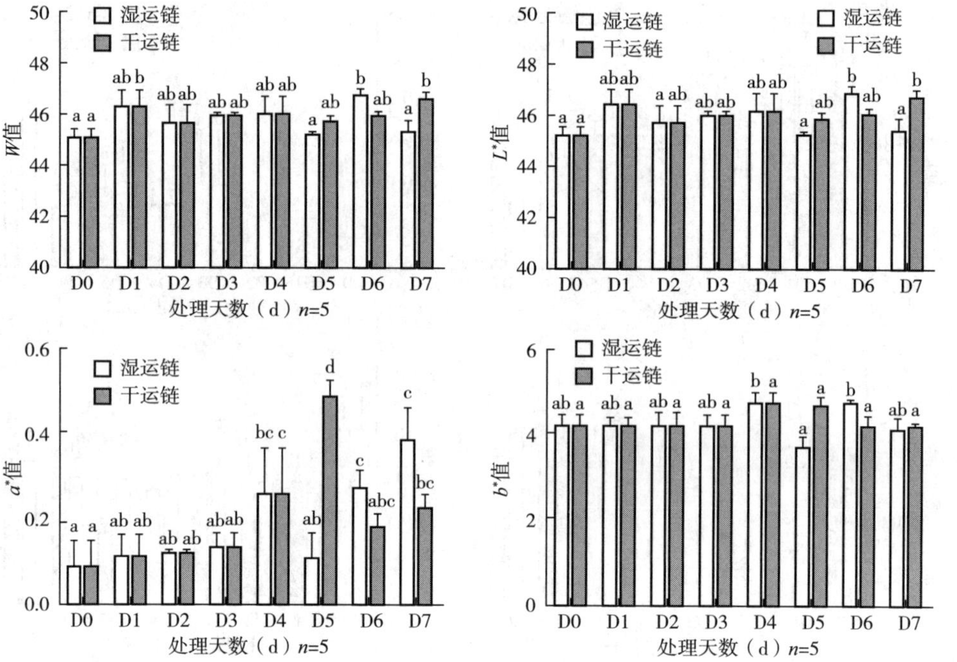

图 5-45　扇贝色度变化

二、菲律宾蛤仔流通链中的品质变化

对菲律宾蛤仔流通链流中采捕后，净化后，清洗后，包装前，真空后，烫漂后，冷却后及速冻后 8 个环节的样品进行理化分析。

（一）流通过程中生化指标的变化

1. 核苷酸关联物

捕后各环节菲律宾蛤仔 ATP 及其关联物的变化情况见图 5-46。采捕后的菲律宾蛤仔 ATP 含量为 2. 02μmol/g，菲律宾蛤仔原料的 ATP 含量，证明尽管菲律宾蛤仔耐受力较强，但运输过程会导致能量的消耗。净化后 ATP 含量出现明显下降，为 0. 79μmol/g，说明净化过程是能量消耗过程。在净化后至烫漂前的阶段，菲律宾蛤仔 ATP 含量无明显变化，表明该加工条件不会造成菲律宾蛤仔能量的消耗，这可能与菲律宾蛤仔耐受性较强有关。烫漂后，ATP 受热降解，主要转化为 ADP 和 AMP。

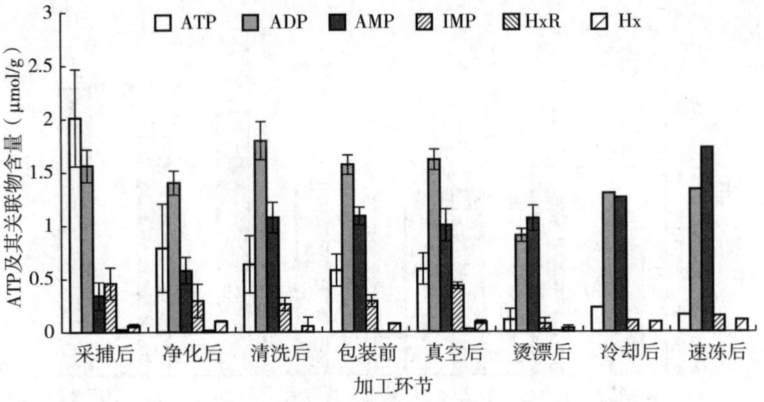

图 5-46　加工过程中菲律宾蛤仔 ATP 及其关联物的变化

2. 糖原

捕后各环节菲律宾蛤仔糖原含量的变化情况见图 5-47。采捕后菲律宾蛤仔糖原含量为 51.99mg/g，净化后糖原含量降为 46.36mg/g，可能是净化过程中菲律宾蛤仔代谢活跃，消耗了体内的糖原，清洗后至包装前糖原含量为 36mg/g 左右，可能是该阶段蛤仔受到震荡，导致糖原消耗[16]。烫漂后糖原含量出现明显升高，达到 65mg/g。经过速冻后，糖原含量下降至 37mg/g。

3. pH

捕后各环节菲律宾蛤仔肌肉 pH 的变化情况见图 5-48。采捕后菲律宾蛤仔肌肉 pH 为 6.89。净化后至真空后肌肉 pH 均在 7.07 左右，表明该阶段菲律宾蛤仔状态稳定。烫漂后肌肉 pH 上升至 7.2 左右，速冻后上升至 7.36。

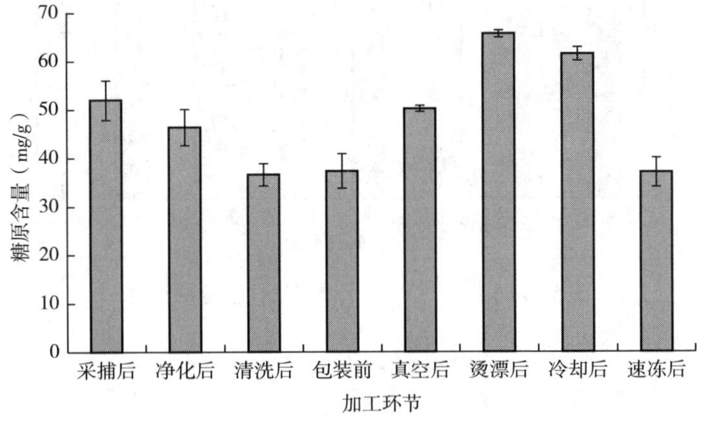

图 5-47　加工过程中菲律宾蛤仔糖原含量的变化

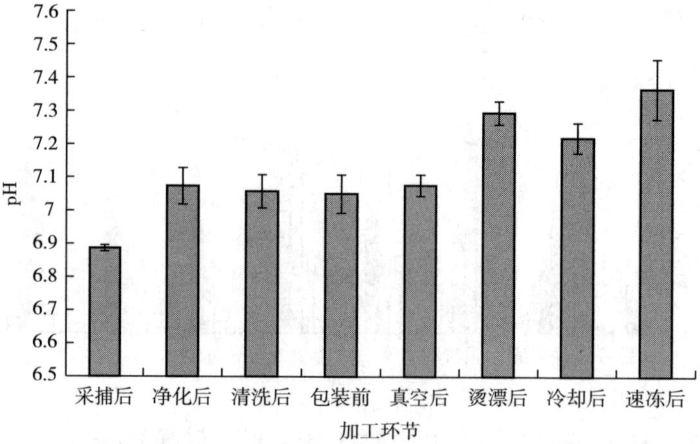

图 5-48　加工过程中菲律宾蛤仔 pH 的变化

（二）流通过程中物理指标的变化

不同阶段菲律宾蛤仔水分含量的变化情况见图 5-49。采捕后菲律宾蛤仔的水分含量为 77.97%；净化后至真空后其体内水分含量上升为 84%，可能是净化中由于与水不断交换，其体内水分得到了恢复，同时该加工阶段不会造成蛤仔水分的流失；但烫漂后蛤仔开壳，水分流失降为 80%左右。

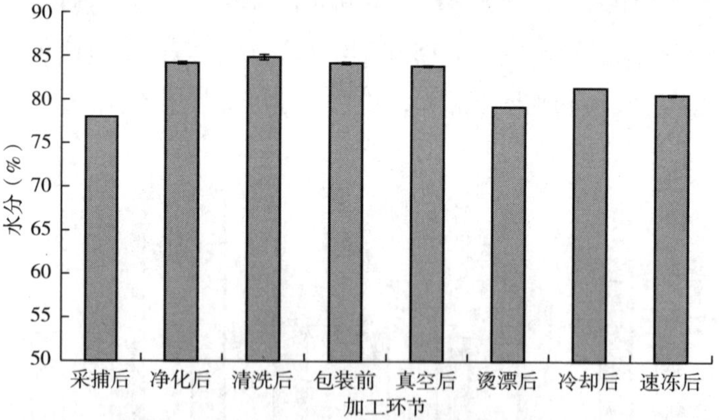

图 5-49　加工过程中菲律宾蛤仔水分的变化

第四节　贝类胁迫调控与保活

一、暂养缓冲与活力可恢复性

采购的活体原料在运输过程中历经胁迫，为模拟采捕离水点，将处于应激状态的活体扇贝进行缓冲恢复处理 15h。缓冲效果如表 5-13 所示，缓冲后扇贝各方面均有明显恢复：湿重增加 9g；ATP 含量恢复至原料的 3.5 倍，由疲劳状态的 1.5μmol/g 回升到 5μmol/g 左右；AEC 值由 42%恢复至 94%；横纹肌的 SOD 活性由 623U/mg 下降至 308U/mg。从糖原含量和 pH 来看，缓冲前后差异不明显。各指标表明，缓冲过程中扇贝活力显著恢复，且无能量损耗，表明缓冲处理对于扇贝活力恢复十分重要。

表 5-13　活体虾夷扇贝原料暂养缓冲效果

处理组	扇贝单重（g）	ATP 含量（μmol/g）	AEC 值（%）	pH	糖原含量（mg/g）	SOD-Mst（U/mg）
原料	139.31±12.91	1.48±0.13	42.64±1.14	7.04±0.01	18.42±1.95	623.31±26.61
缓冲	148.35±21.55	5.13±0.23	94.15±0.31	7.16±0.01	18.95±2.31	308.26±14.58

二、干露复水后的品质变化

活品虾夷扇贝运至实验室后立即取样（6 只）作为原料扇贝的样品（Raw），其余活品置于辽宁省水产设施养殖与装备技术工程研究中心的循环海水系统中进行暂养缓冲 15h。暂养过程中海水溶氧为 7.4mg/L 左右，温度为 8℃左右。湿藏对照组扇贝平铺（右壳向下）于网筐（42cm×63cm×10cm）后置于海水中湿藏。对缓冲后的活品分别进行干藏 12h（E12′）、24h（E24′）的处理后，于复水后 6h、12h、18h、24h 采样。

(一) 失重率及存活率

失重率可以直观表现出贮藏过程中扇贝质量的变化，经易逝期处理后复水的扇贝失重率和存活率的变化如图 5-50 所示，以易逝期终点作为复水起点，鉴于干露 48h 的扇贝全部死亡，因此不再作复水处理。复水期间两组扇贝存活率均为100%。复水6h内，经易逝期12h干露后再复水（E12′）和24h干露再复水（E24′）扇贝的失重率均显著下降，表明其质量有所恢复。值得注意的是，复水12h后，E12′组和E24′组扇贝的失重率便分别恢复至-0.6%和0.94%，此时与缓冲后及湿藏组失重率对比，两组扇贝失重率均达到缓冲后及湿藏组的水平。同时结果发现在复水过程中，E12′组扇贝失重率始终低于E24′组，可以看出采捕后短时间干露对后期复水影响不大，而24h的干露对后期复水有延迟效应。

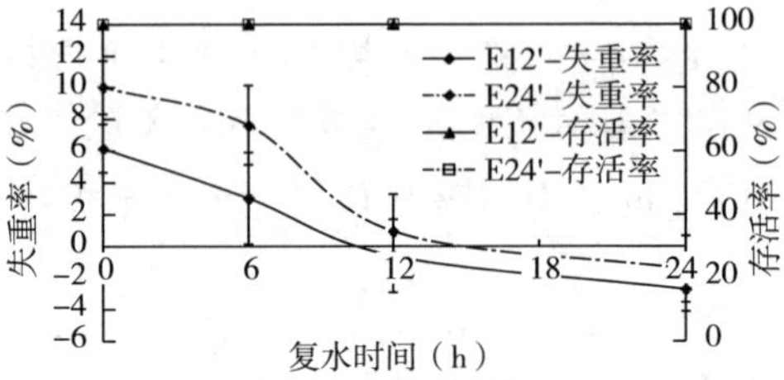

图5-50　复水后扇贝的失重率和存活率的变化

（二）ATP及关联物与AEC值的恢复

复水后扇贝的ATP及关联物和AEC值变化见图5-51，经易逝期12h干露后再复水（E12′）组扇贝的ATP含量在复水后6h内显著下降至4.78μmol/g，随后维持在4.9μmol/g左右，ADP和AMP含量在复水后期有所上升。经易逝期24h干露后再复水（E24′）组扇贝的ATP含量在复水后12h内无显著变化，维持在4.5μmol/g左右，至24h显著降低至2.5μmol/g。AEC值变化趋势与ATP含量相似。缓冲后扇贝的ATP含量为5.13μmol/g，AEC值为94%，湿藏过程中ATP含量维持在5.14μmol/g，AEC值维持在94.1%左右。E12′组的ATP含量及AEC值在复水过程中与缓冲后和湿藏组水平相近，而E24′组始终低于缓冲后和湿藏组的水平。有关捕后虾夷扇贝在低温下干藏0h、12h和24h后复水的研究发现ATP含量呈恢复趋势。ATP及关联物与AEC值的结果同样证明易逝期处置的延迟效应，采捕后24h干露产生的延迟效应更为显著。

（三）糖原及pH的恢复

复水后扇贝横纹肌糖原含量和pH的变化如图5-52所示，复水6h内，经易逝

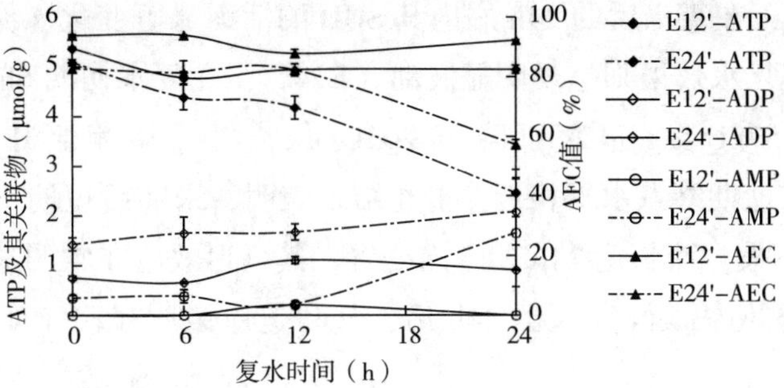

图 5-51　复水后扇贝横纹肌 AEC 值的变化

期 12h 干露后再复水（E12′）组糖原含量由 14.7mg/g 下降至 12.9mg/g，而经 24h 干露后再复水（E24′）组由 13mg/g 上升至 16.7mg/g。在 6~24h 内两组均呈现先上升后下降的趋势，由最高值 17.2mg/g 和 18.28mg/g 后分别降至 14.1mg/g 和 13.5mg/g。同时结果发现在复水期间，E12′组扇贝的糖原含量始终低于 E24′组。缓冲后扇贝的糖原含量为 18.95mg/g，湿藏期间维持在 17.32mg/g 左右，与缓冲后和湿藏组对比，复水期间两组扇贝的糖原含量均低于湿藏组。复水后，扇贝的呼吸方式由无氧呼吸变为有氧呼吸，大幅降低了糖原的消耗，同时生理代谢有所恢复积累糖原，但采捕后干露对扇贝机体造成一定损伤，因此在复水 12h 后糖原含量显著下降。

复水后，E12′组扇贝的 pH 显著升高，至 24h 升至 7.25，而 E24′组呈现先上升后下降的趋势，由 7.04 上升至 7.14 最终降至 7.06。缓冲后扇贝肌肉的 pH 为 7.16，湿藏期间维持在 7.2 左右，E12′组可恢复至湿藏组水平，但 E24′组低于湿藏组水平，延迟效应显著（图 5-52）。

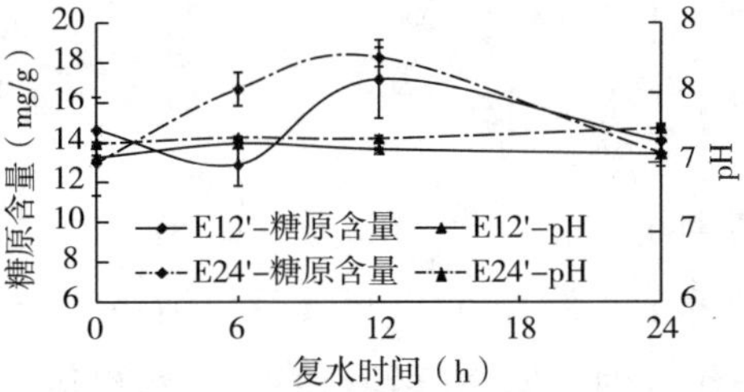

图 5-52　复水后扇贝横纹肌糖原含量和 pH 的变化

（四）复水后的 SOD 活性

复水后扇贝横纹肌的 SOD 酶活的变化如图 5-53 所示。经易逝期 12h 干露后再复水（E12′），在复水后的24h之内其SOD酶活无显著变化；易逝期干露时间加倍至24h，其复水效果则呈现明显波动（E24′），在复水初期6h内，SOD酶活显著下降，由578U/mg显著下降至205U/mg，随后显著上升，至24h高达613U/mg，与易逝期终点水平相近。上述结果表明，采捕后短期干露处置对后续复水效果影响不大，而长达24h的干露处置，其延迟效应非常明显，尽管复水早期数小时有明显恢复，但复水至24h后，其胁迫应激明显高于短期12h干露处置组。

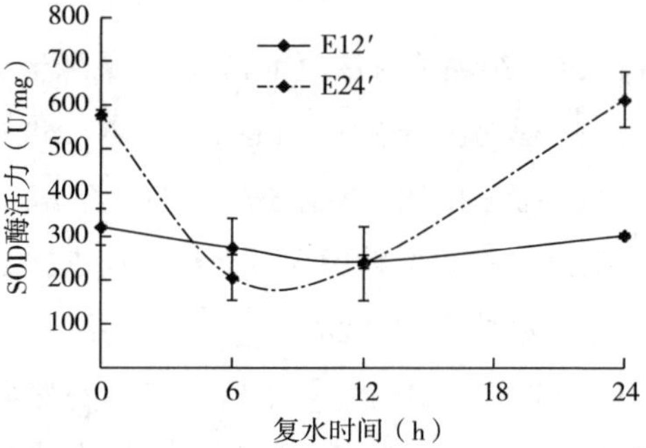

图5-53　复水后扇贝横纹肌的SOD活性的变化

（五）小结

易逝期处置对后期活品的复水特性有重要的延迟效应，经过12h和24h干露后复水扇贝均有所恢复，但长时间易逝期处置相比于短时间，其延迟效应更为显著，后期扇贝活力会显著下降。

三、束缚调控与活力保持

探讨贝类捕后束缚捆绑对活品活力品质的影响。原料运抵实验室后记为I，然后分三个组，包括暂养前束缚组T^b、暂养后束缚组T^a，以及全程无束缚为对照组C（图5-54）。三组同时进行2d暂养和4d无水贮运，分别模拟的是陆基暂养净化环节和无水贮运流通环节。各组取样细则详见表5-14。

图 5-54　活体虾夷扇贝原料捆绑方式示意图

表 5-14　活体束缚与活品活力的关联机制试验方案与编码

处理组	编码	模拟暂养		模拟干运			
		1d	2d	3d	4d	5d	6d
原料	I	—					
对照组	C	C1	C2	C3	C4	C5	C6
暂养前束缚	T^b	T^b1	T^b2	T^b3	T^b4	T^b5	T^b6
暂养后束缚	T^a	T^a1	T^a2	T^a3	T^a4	T^a5	T^a6

（一）ATP 关联化合物及 AEC

胁迫调控对活品虾夷扇贝 ATP 及关联物含量和 AEC 值的影响如图 5-55 所示。暂养期间（1~2d）束缚操作导致 ATP 含量短时间内下降，后恢复稳定。无水贮运期间，各组 ATP 含量和 AEC 值均呈现下降趋势，至贮运结束时 ATP 含量分别为 3.67μmol/g、5.04μmol/g 和 4.23μmol/g。值得注意的是，束缚调控则呈现出明显的延迟效应，且束缚越早越有利于维持 ATP 含量，由图可知暂养前束缚 T^b 组 ATP 含量下降速率最缓慢，其次是后期束缚组 T^a，最后为对照组 C。三组 ADP 和 AMP 含量在暂养期间无明显波动，随着无水贮运时间增加，在缺氧环境中无法维持 ATP 含量的相对稳，ADP 和 AMP 出现一定积累。三组在贮运 1d 后 ADP 和 AMP 含量均有显著升高，由于束缚调控呈现出的延迟效应，对照组 C 增加趋势略高于束缚组。AEC 值能够灵敏地反映贝类当时生理状态，同样也反应了束缚调控的优势，无水贮运结束时对照组 C、暂养前束缚组 T^b 和后期束缚组

T^a 三组 AEC 值，分别下降至 47. 66%、56. 07%和 51. 15%，对照组 C 已处于无法繁殖不可逆状态，两处理组处于缓慢生长但可恢复繁殖状态。

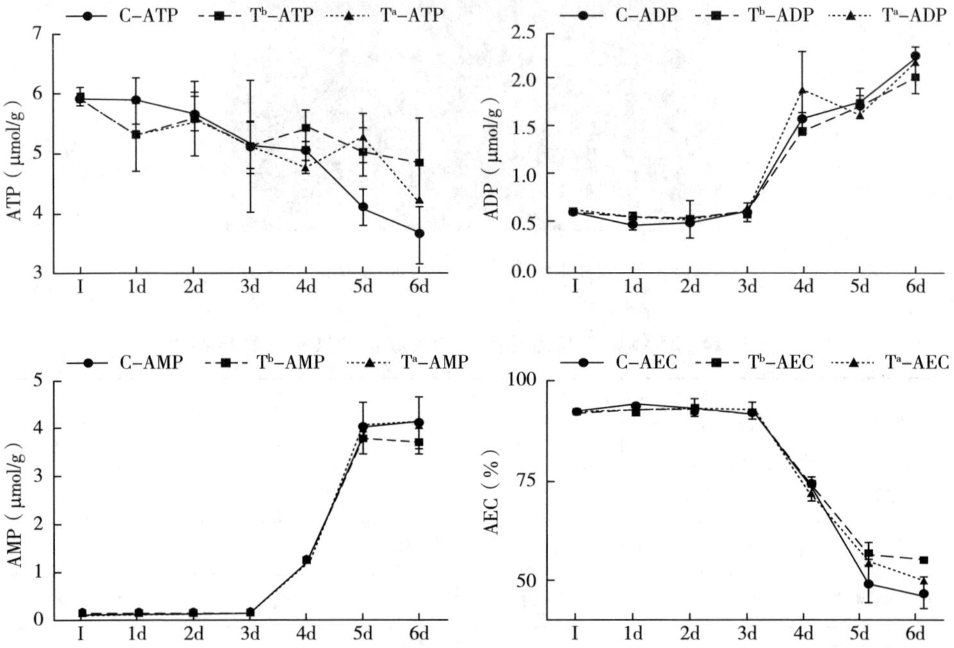

图 5-55　胁迫调控对活品虾夷扇贝 ATP 及关联物含量和 AEC 值的影响

（二）磷酸精氨酸 ArP

胁迫调控对活品虾夷扇贝 ArP 的影响如图 5-56 所示。ArP 含量的变化同样体现了束缚调控则的延迟效应和束缚时间节点的差别。暂养期间（1~2d），两个处理组与对照组 ArP 含量稳定无差别；无水贮运期间（3~6d），三个处理组 ArP 含量均呈下降趋势，其中对照组 C 由 7. 00μmol/g 持续下降到 5. 15μmol/g。暂养前束缚组 T^b 由 9. 37μmol/g 下降到 6. 27μmol/g，后期束缚组 T^a 在贮运第 1d 下降剧烈，由 9. 34μmol/g 下降到 4. 68μmol/g，后期变化不明显。可见束缚的时间节点非常重要。

（三）pH 和糖原

从 pH 和糖原含量同样可得出，束缚调控有明显的延迟效应，且调控越早越有利于减少活体能量消耗。如图 5-57 所示，暂养期间（1~2d），对照组 C 糖原含量稳定，捆绑操作造成活品虾夷扇贝糖原含量暂时下降；无水贮运期间

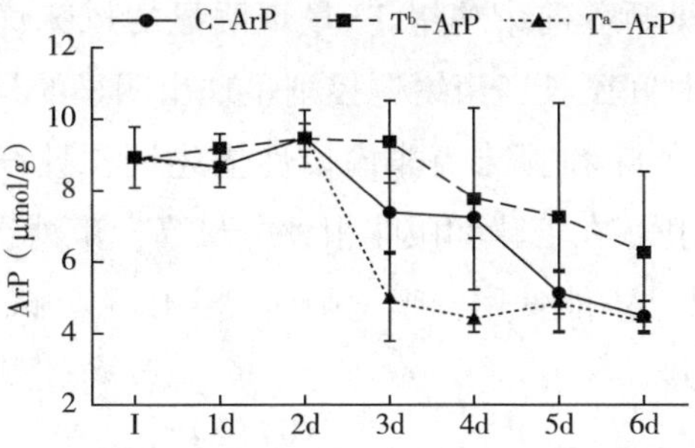

图 5-56　胁迫调控对活品虾夷扇贝 ArP 含量的影响

（3~6d），对照组 C、暂养前束缚组 T^b 和后期束缚组 T^a 三组糖原含量均呈下降趋势，对照组 C 由 21. 85mg/g 持续下降到 10. 60mg/g。暂养前束缚组 T^b 下降速度最缓慢，后期束缚组 T^a 干露 1d 下降剧烈，由 22. 97mg/g 下降到 14. 13mg/g，无水贮运后期呈缓慢下降趋势。pH 由于扇贝主要进行无氧呼吸产生章鱼碱等酸性物质，三组 pH 随贮藏时间延长逐渐下降。

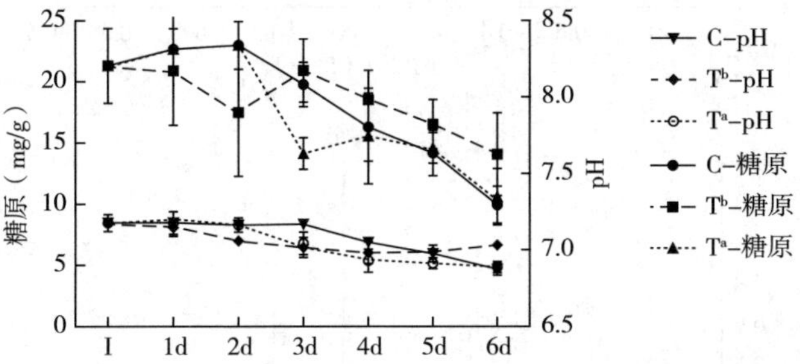

图 5-57　胁迫调控对活品虾夷扇贝 pH 和糖原含量的影响

（四）感官风味

从视觉、触觉、嗅觉、味觉四大感觉对每组扇贝进行品尝打分，得到感官评价的主成分分析结果如图 5-58 所示。主成分 1 的贡献率为 84%，主成分 2 的贡献率为 5%，二者累计贡献率达 89%，可以代表虾夷扇贝的感官风味特性。束缚调控措施在暂养期间对活品风味品质影响不大，初始组（I）以及暂养期间，三组在实际感官过程中滋味均以鲜、香、甜等愉悦性描述词为主，质地以纤维感和多汁性最突出。无水贮运期间，各组风味品质均呈现下降趋势。无水贮运第 1d，在实际感官过程中，三组气味和滋味中鲜、香、甜下降，且质地变软。对照组 C 和暂养后束缚组 T^a，鲜味和甜味评分均低于暂养前束缚组 T^b，苦味和咸味平均得分则偏高。结果可见暂养前束缚组 T^b 呈现明显的风味优势，束缚的时间节点非常重要。随着贮运时间延长，束缚调控则呈现出明显的延迟效应。无水贮运第 2d 时，三组均出现泥土味和腥味等非愉悦性描述词，且纤维感、多汁性、弹等特点明显下降；对照组 C 在苦味和咸味中评分最高，束缚组无明显区别。无水贮运第 3d 时，虾夷扇贝已不能食用，嗅觉则明显突出了臭味。

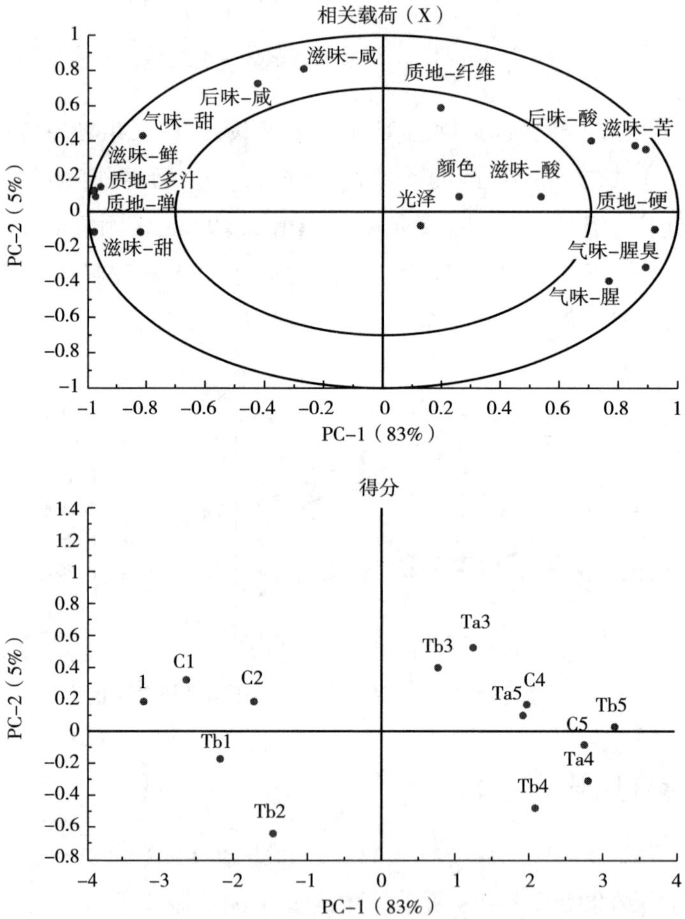

图 5-58　无水贮运过程中活品虾夷扇贝风味的变化

（五）小结

基于虾夷扇贝实际流通情况，通过对活品进行胁迫调控，跟踪其生理和感官变化特点并探索其关联机制，主要研究结论为：在活品虾夷扇贝流通过程中，束缚处理使扇贝处于“休眠”状态可有效控制扇贝能量消耗，能够适用于长时间运输，且早期束缚更有利于维持扇贝活力和品质。

参考文献

[1] Fields J H A, Storey K B. Tissue-specific alanopine dehydrogenase from the gill and strombine dehydrogenase from the foot muscle of the cherrystone clam Mercenaria mercenaria (Linn) [J]. Journal of Experimental Marine Biology & Ecology, 1987, 105 (2-3): 175-185.

[2] Artigaud S, Lacroix C, Richard J, Flyesaintemarie J, Bargelloni L, Pichereau V. Proteomic responses to hypoxia at different temperatures in the great scallop (*Pecten maximus*) [J]. Peerj, 2015, 3 (3): e871.

[3] Vollmer M, Hochachka P W, Mommsen T P. Octopine dehydrogenase and phosphoarginine kinase in squid mantle: cooperation of two enzymes at the arginine branchpoint in cephalopod muscle. [J]. Canadian Journal of Zoology, 1981, 59 (7): 1447-1453.

[4] Livera W C D, Shimizu C. Comparison and Characterization of Arginine Kinases Purified from the Prawn Penaeus japonicus (Kurumaebi) and the Swimming Crab Portunus trituberculatus (Gazami) [J]. Journal of the Agricultural Chemical Society of Japan, 1989, 53 (9): 2377-2386.

[5] Kaoru Kawashima H Y. Free amino acids responsible for the browning of cooked scallop adductor muscle [J]. Fisheries Science, 1996, 62: 293-296.

[6] Watanabe K, Lan H L, Yamaguchi K, Konosu S. Taste-active components of scallop, 2: Role of extractive components of scallop in its characteristic taste development [J]. Journal of the Japanese Society for Food Science and Technology-Nippon Shokuhin Kagaku Kogaku Kaishi, 1990, 37: 439-445.

[7] Ruiz-Capillas C, Moral A. Free amino acids in muscle of Norway lobster (*Nephrops novergicus*) in controlled and modified atmospheres during chilled storage [J]. Food Chemistry. 2004, 86: 85-91.

[8] Tos hiki Enomoto C N, Hideo Ohyamab. Regulation of glycolysis during acclimation of scallops (*Patinopecten yessoensis* Jay) to anaerobiosis [J]. Comparative Biochemistry and Physiology Part B, 2000, 127: 45-52.

[9] Wongso S, Yamanaka H. Changes in content of extractive components in the adductor muscle of noble scallop during storage [J]. Fisheries Science, 1996, 62: 815-820.

[10] Yoneda C, Okubo K, Kasai M, et al. Extractive components of boiled-dried scallop adductor muscle and effect on the taste of soup after mixing with chicken leg meat [J]. Journal of the

Science of Food and Agriculture, 2005, 85: 809-816.

[11] Picado A, Le Gal, Y. Adenylate energy charge as a tool for evaluating sub-lethal toxicity [J]. Qatar University Science, 1999, 19: 36-45.

[12] Maguire J A, Fleury P G, Burnell G M. Some methods for quantifying quality in the scallop Pecten maximus (L.) [J]. Journal of Shellfish Research, 1999, 18: 59-66.

[13] Patrícia Anacleto A L M, Sara Barrento. Physiological responses to depuration and transport of native and exotic clams at different temperatures [J]. Aquaculture, 2013, 408-409: 136-146.

[14] Livingstone D R, Dezwaan A, Thompson R J. Aerobic metabolism, octopine production and phosphoarginine as sources of energy in the phasic and catch adductor muscles of the giant scallop placopecten magellanicus during swimming and the subsequent recovery period [J]. Comparative Biochemistry and Physiology B-Biochemistry & Molecular Biology, 1981, 70: 35-44.

[15] Mubiana V K, Vercauteren K, Blust R. The influence of body size, condition index and tidal exposure on the variability in metal bioaccumulation in Mytilus edulis [J]. Environmental pollution, 2006, 144: 272-279.

[16] Grieshaber M K, Hardewig I, Kreutzer U, et al. Physiological and metabolic responses to hypoxia in invertebrates [J]. Reviews of Physiology Biochemistry & Pharmacology, 1994, 125 (125): 43.

第六章　鱼类研究实例

第一节　鱼类福利与品质

一、暂养对鱼体疲劳的消除

鉴于活鱼供应链比较复杂多样，如果仅依赖于零售端的保活条件，极大制约活鱼的货架期，故本研究尝试捕后销售中间环节的暂养处置。图 6-1 为健康活体暂养期间大菱鲆肌肉中 ATP 及关联物的变化情况，采捕即捕后初期的装运胁迫致使活体处于应激状态。结果可以看出，暂养期间大菱鲆从疲劳状态的逐渐呈现恢复趋势。健康活体大菱鲆，经捕捞、捕后处置及活鱼运输至实验室，历时 2h 左右，活鱼处于强烈的疲劳应激状态，其肌肉 ATP 含量仅为 1. 31μmol/g。ATP 2d 后开始呈现明显上升趋势，暂养 7d 后，ATP 含量恢复至 3. 58μmol/g。而疲劳状态时肌肉 IMP 为 5. 86μmol/g，在暂养 2d 后呈现下降趋势，与 ATP 呈现负相关变化。同时检出少量其他降解产物 AMP、ADP、HxR、Hx，在暂养过程中基本维持平稳状态。

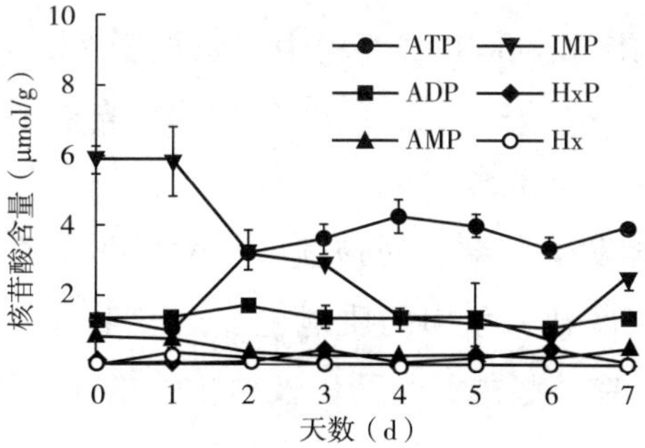

图 6-1　大菱鲆 7d 暂养期间 ATP 关联物的变化

应激恢复组大菱鲆在暂养期间的疲劳应激恢复，可由糖原、乳酸及 pH 的变化可进一步得到证明（表 6-1）。在暂养期间肌肉糖原含量持续增加，而乳酸含量相应下降。初始点时糖原含量为4.49mg/g，在暂养7d后高达8.17mg/g，而肌肉乳酸由0.15mol/g下降至0.10mol/g。由于乳酸含量的减少，pH逐渐升高。可以看出，暂养处理有助于大菱鲆鱼肉品质恢复。

表6-1 大菱鲆暂养期间糖原、乳酸及pH值的变化

天数（d）	糖原（mg/g）	乳酸（mmol/g）	pH
0	4.49±0.32	0.15±0.02	7.03±0.12
1	4.56±0.04	0.09±0.01	7.16±0.06
2	3.77±0.09	0.14±0.02	7.21±0.04
3	3.97±0.01	0.13±0.02	7.16±0.07
4	7.08±0.08	0.17±0.03	7.19±0.01
5	6.13±0.10	0.10±0.01	7.34±0.04
6	6.18±0.20	0.11±0.01	7.19±0.03
7	8.17±0.21	0.10±0.01	7.12±0.01

二、致死方式对鱼肉品质的影响

（一）断髓速杀对红鳍东方鲀冰藏稳定性的影响

红鳍东方鲀断脊椎速杀，去鳃、去眼、去外皮、去内脏，胴体周身覆冰置于泡沫箱内，在4℃层析柜中分别贮藏0、1d、3d、5d、7d、10d后取样。冻藏组分为僵直前冻藏组（F组）及解僵后冻藏组（RF组）。F组到达实验室后立即放入-40℃冰箱中贮存；RF组在4℃层析柜中自然放置28h后解僵，于-40℃冰箱中冻存，分别在40d、67d、95d取出，在4℃冰箱中自然解冻36h后取样。

1. 冰藏及冻藏期间鱼片表观变化

鱼体肌肉在死后会发生一系列的物理、化学变化，通常经历4个阶段：僵直、解僵、自溶和细菌腐败，鱼肉的质地也随之发生变化。随着贮藏时间的延长，鱼片会发生软化，在一些内源性酶以及微生物的作用下，鱼片会产生裂纹，即Gaping，严重影响鱼肉品质。本研究对冰藏及冻藏期间红鳍东方鲀鱼片的表观结构进行了观察，结果表明：在冰藏初期，鱼片表面富有光泽，接触有弹性，随着贮藏时间的增加，鱼肉光泽度略有下降，冰藏7d后，鱼片逐渐软化；经过冻藏贮存后，红鳍东方鲀的鱼片表面无光泽，且呈现淡黄色，接触无弹性，鱼肉质地柔软，鱼片品质较冰藏相比有所下降；无论是冰藏还是冻藏期间，红鳍东方鲀鱼片表面均不会有裂纹产生，而大西洋鲑鱼在冰藏 6d 后，鱼片表面就开始有裂纹出现[2]，猜测这可能与红鳍东方鲀丰富的结缔组织及胶原分布有关。

2. 肌肉显微结构

由于红鳍东方鲀肌肉在贮藏过程中始终未出现裂纹现象，为探究其肌肉不同于其他鱼类的特异性，对其冰藏及冻藏期间肌肉的显微结构进行观察。图 6-2 为红鳍东方鲀冰藏 0、1d、3d、5d、7d、10d 后的肌肉组织显微结构，图 6-3 为红鳍东方鲀僵直前及解僵后分别冻藏 40d、67d、95d 后的肌肉组织显微结构，观察倍数均为 100 倍。

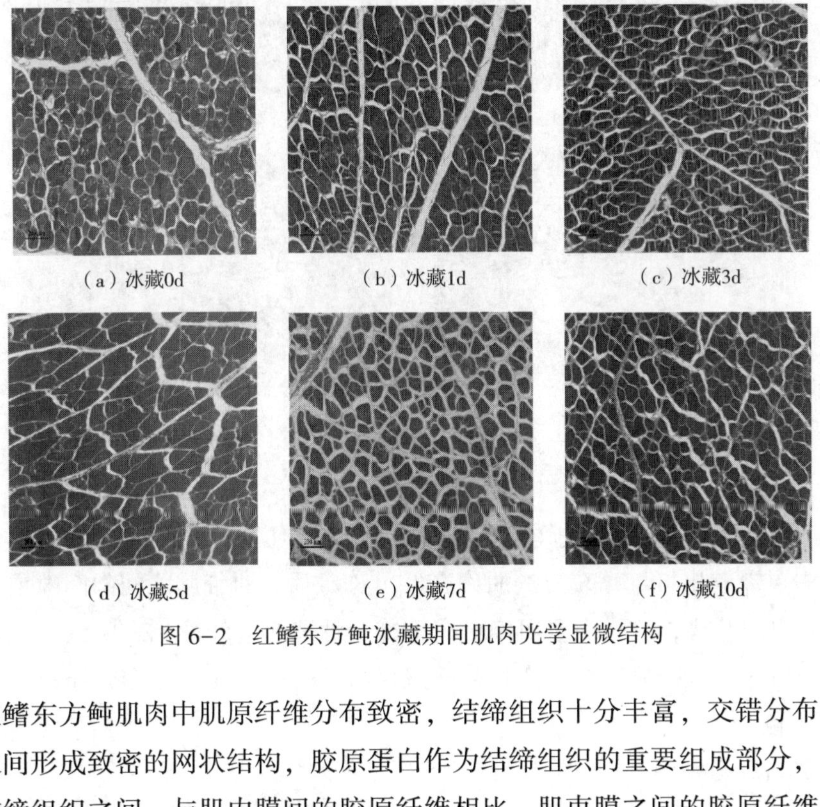

（a）冰藏0d　（b）冰藏1d　（c）冰藏3d

（d）冰藏5d　（e）冰藏7d　（f）冰藏10d

图 6-2　红鳍东方鲀冰藏期间肌肉光学显微结构

红鳍东方鲀肌肉中肌原纤维分布致密，结缔组织十分丰富，交错分布在肌原纤维之间形成致密的网状结构，胶原蛋白作为结缔组织的重要组成部分，大量分布在结缔组织之间，与肌内膜间的胶原纤维相比，肌束膜之间的胶原纤维更为粗大。如图 6-2 所示，随着冰藏时间的延长，肌原纤维及胶原纤维的分布及含量均未发生十分明显的变化，肌肉组织结构保持着十分稳定的状态，鱼肉内的水分在冻藏过程中会形成冰晶。随着冻藏时间的延长，冰晶会逐渐长大，冰晶的形成会破坏肌肉组织的结构，同时与肌原纤维之间的间隙增大密切相关[3]。另外，冰晶

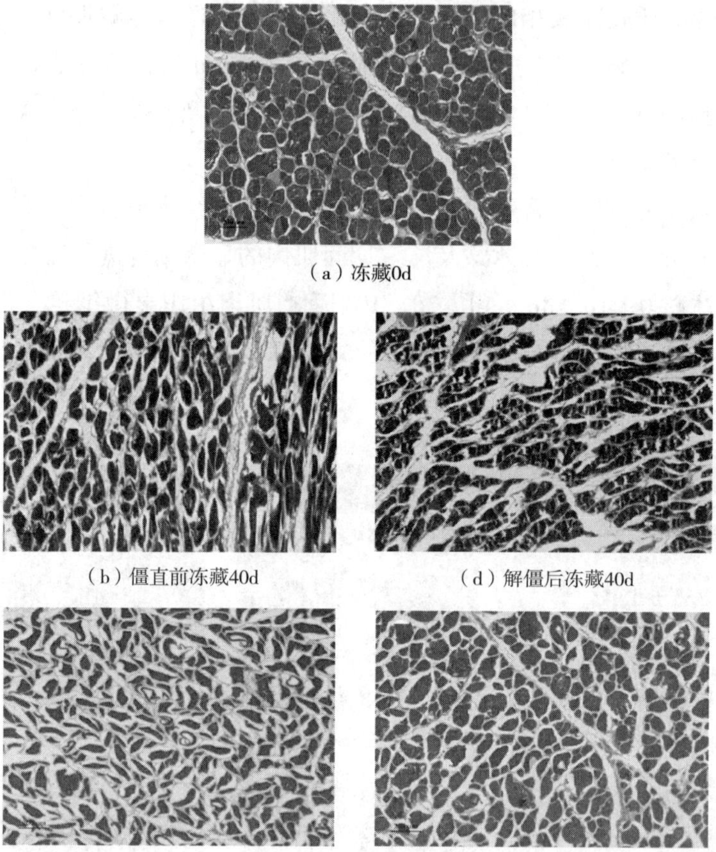

（a）冻藏0d

（b）僵直前冻藏40d　（d）解僵后冻藏40d

（c）僵直前冻藏95d　（e）解僵后冻藏95d

图 6-3　红鳍东方鲀冻藏期间肌肉光学显微结构

大小和位置的变化都会对肌肉细胞外和细胞内结构造成不可逆的机械损伤。从图 6-3 中可以看出，红鳍东方鲀肌肉在经过冻藏后，肌细胞之间的间隙增大，肌膜间胶原组织凸显，这是由于肌肉蛋白冷冻变性造成了汁液流失所致。值得注意的是，两组间具有明显差异，僵直前冻藏组由于解冻收缩的存在，导致其汁液流失更为严重。

3. 肌肉胶原酶活性

鱼体死后，肌肉中胶原蛋白会由于内源性胶原酶的作用发生退化，导致肌细胞与肌肉层发生脱节，鱼片产生裂纹，严重影响鱼肉的感官及品质。经过前期对红鳍东方鲀各组织胶原蛋白的提取和电泳分析，得出红鳍东方鲀肌肉中胶原蛋白类型与外皮中胶原蛋白一致，所以本研究以红鳍东方鲀外皮胶原蛋白为底物，对肌肉中胶原酶的活性进行测定。图 6-4 为红鳍东方鲀肌肉胶原酶活性预实验结果

(反应温度：40℃，反应时间：1h，反应 pH：7.0，与正式实验条件相一致)。从左至右可以看出，随着酶浓度的增加，电泳图上条带数会随之增加，然而并未有胶原蛋白降解条带的出现，胶原酶浓度并不会对酶活反应结果产生影响，因此在本研究过程中，胶原酶与胶原蛋白浓度的比例统一为 1：5。图 6-6 为红鳍东方鲀冰藏期间肌肉中胶原酶活性的变化，图 6-6 为冻藏期间红鳍东方鲀肌肉中胶

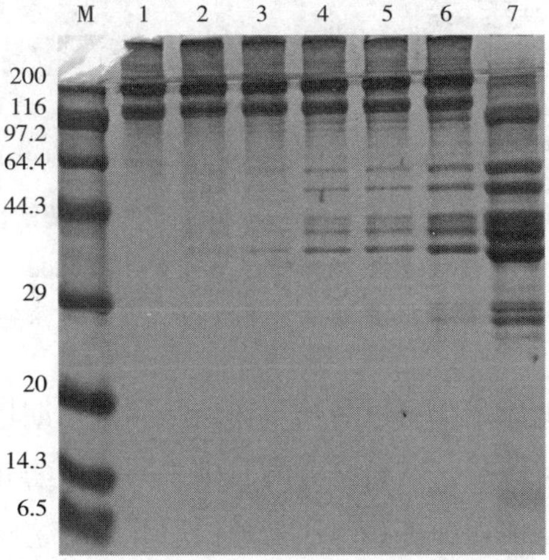

图 6-4　红鳍东方鲀肌肉胶原酶活性预实验

注　M 标准蛋白；1 胶原蛋白：粗酶液 = 150：1；2 胶原蛋白：粗酶液 = 100：1；3 胶原蛋白：粗酶液 = 50：1；4 胶原蛋白：粗酶液 = 20：1；5 胶原蛋白：粗酶液 = 10：1；6 胶原蛋白：粗酶液 = 5：1；7 粗酶液

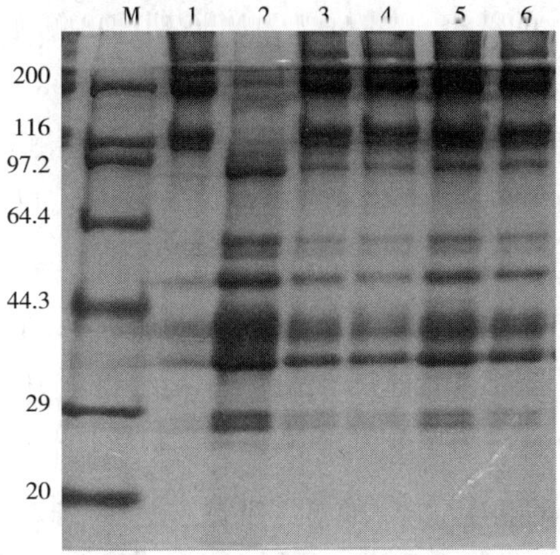

图 6-5　红鳍东方鲀肌肉冰藏期间胶原酶活性

注　M 标准蛋白；1 外皮胶原蛋白；2 粗酶液；3 冰藏 0d；4 冰藏 1d；5 冰藏 7d；6 冰藏 10d

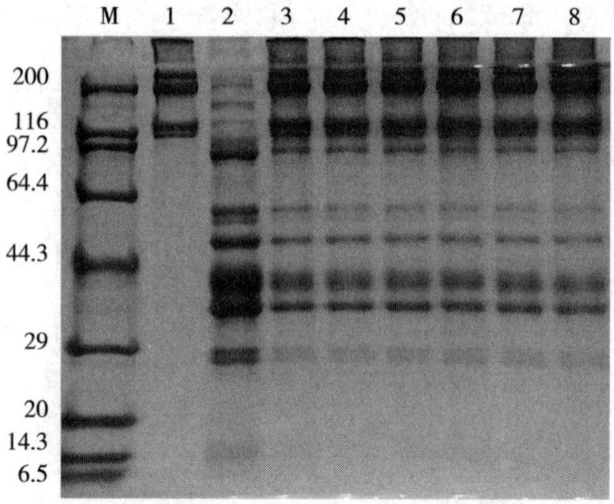

图 6-6 红鳍东方鲀肌肉冻藏期间胶原酶活性

注 M 标准蛋白；1 外皮胶原蛋白；2 粗酶液；3 僵直前冻藏 40d；4 僵直前冻藏 67d；5 僵直前冻藏 95d；6 解僵后冻藏 40d；7 解僵后冻藏 67d；8 解僵后冻藏 95d

原酶活性的变化。从电泳图中可以看出，无论是冰藏初期还是冰藏后期，胶原蛋白均没有出现任何降解条带，红鳍东方鲀肌肉中的胶原酶并没有对胶原蛋白发挥作用。同样地，无论是僵直前冻藏组还是解僵后冻藏组，SDS-PAGE 图谱中均未发现胶原蛋白降解条带，肌肉中所提取的粗酶液对胶原蛋白没有发挥作用，冻藏时间及冻藏前状态对其没有影响。

4. 冰藏及冻藏期间肌肉 pH

pH 的变化会严重影响鱼肉的质地，与 pH 较低的鱼肉相比，pH 较高的鱼肉往往呈现更加软嫩多汁的状态。图 6-7 为冰藏期间红鳍东方鲀肌肉 pH 的变化，图 6-8 为红鳍东方鲀冻藏期间肌肉 pH 的变化。从图 6-8 中可以看出，在冰藏 0d 时，红鳍东方鲀肌肉的 pH 最高，为 6.65，马妍[4] 等测得新鲜河豚鱼的 pH 为 6.62。贮藏 1d 后，pH 迅速下降至 6.21，鱼类死亡后，随着糖酵解反应的进行，糖原会发生降解产生乳酸，在一定的时间进行累积，导致 pH 的快速下降。在 Hultmann 等的研究中，宰前应激会导致鱼类死前肌肉活动的增加，加速乳酸的积累和 pH 下降。随着冰藏时间的延长，pH 会小幅缓慢上升，推测可能是由于微生物的存在导致蛋白质分解产生了氨氮类等碱性物质[5]。此外，鱼肉贮藏过程中，糖原含量的变化也会对肌肉 pH 产生一定的影响。与冰藏相比，红鳍东方鲀在经过冻藏贮存后，肌肉 pH 大幅下降，且不论是僵直前冻藏组还是解僵后冻藏组，肌肉 pH 都不会随冻藏时间的延长而发生明显的变化。

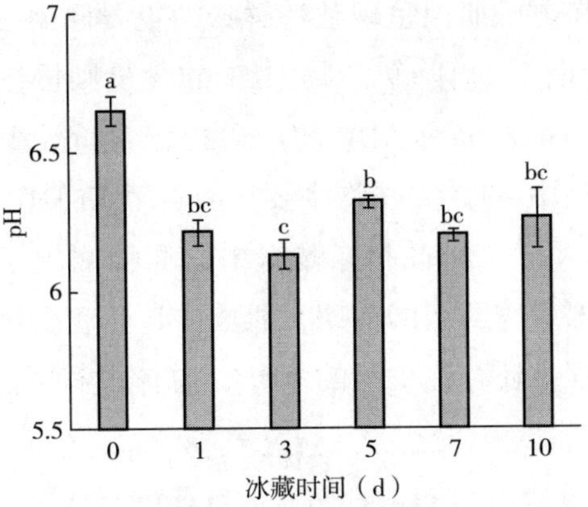

图 6-7　红鳍东方鲀冰藏期间肌肉 pH 变化

注　不同字母表示有显著性差异（$P<0.05$），相同字母表示没有显著性差异（$P>0.05$）。

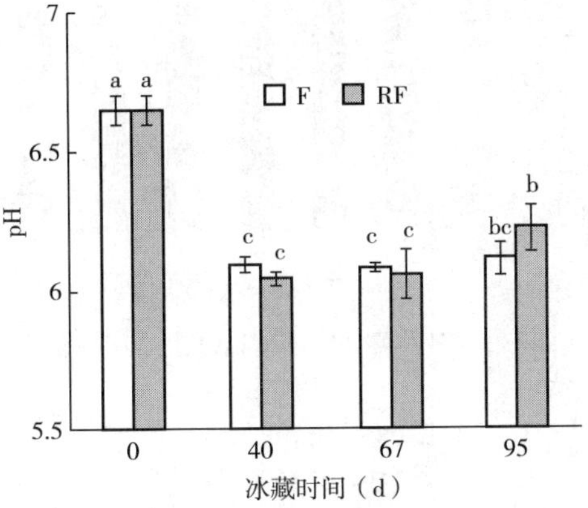

图 6-8　红鳍东方鲀冻藏期间肌肉 pH

注　不同字母表示有显著性差异（$P<0.05$），相同字母表示没有显著性差异（$P>0.05$）。

5. 冰藏及冻藏期间肌肉 ATP 及其关联化合物

图 6-9 为冰藏期间红鳍东方鲀肌肉中 ATP 及其关联化合物的变化，其中原料点为养殖场内速杀后立即采样；图 6-10 为红鳍东方鲀冻藏期间肌肉中 ATP 及其关联化合物的变化。如图 6-9 所示，红鳍东方鲀原料点的 ATP 含量处于较高水平，为 4.77μmol/g；而速杀运至实验室后取样时，红鳍东方鲀肌肉中 ATP 的含量会下降到 3.57μmol/g[6]；红鳍东方鲀死后，肌肉中的 ATP 会迅速降解，消耗明显。在冰藏 1d 后，红鳍东方鲀肌肉中 ATP 的含量为 0，全部消耗完全。在冰藏期间，随着 ATP 的大量消耗，降解产物 IMP 迅速产生，并开始大量累积，

IMP 的高含量是红鳍东方鲀肌肉呈现独特鲜味的重要原因之一。冰藏后期，大量累积的 IMP 含量缓慢下降，而降解产物 HxR 的含量则慢慢累积，逐渐增加。另外，在整个冰藏期间，一直都有 ADP 的产生，但含量较少且变化不大。冻藏过程中，红鳍东方鲀肌肉中 ATP 关联物主要以鲜味物质 IMP 为主，两种冻藏方式下的 IMP 含量差别不大。在僵直前冻藏组中，均检测出了极少量 ATP 的存在。僵直前冻藏组以及解僵后冻藏组的前期，肌肉中还包含少量的降解产物 HxR，两组肌肉在整个冻藏过程中还存在少量的 ADP，总体没有明显的变化。

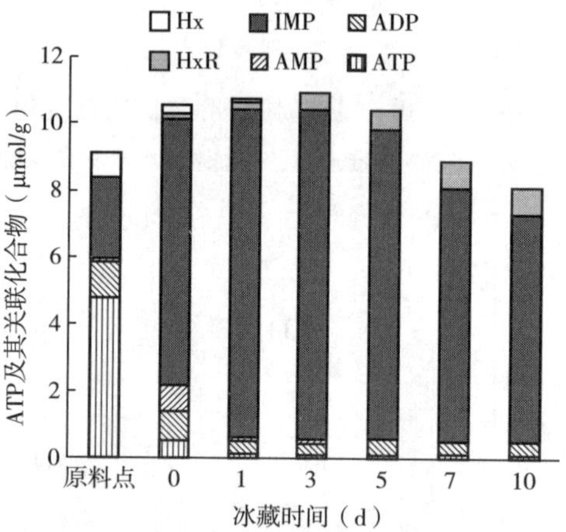

图 6-9　红鳍东方鲀冰藏期间肌肉 ATP 及其关联化合物含量

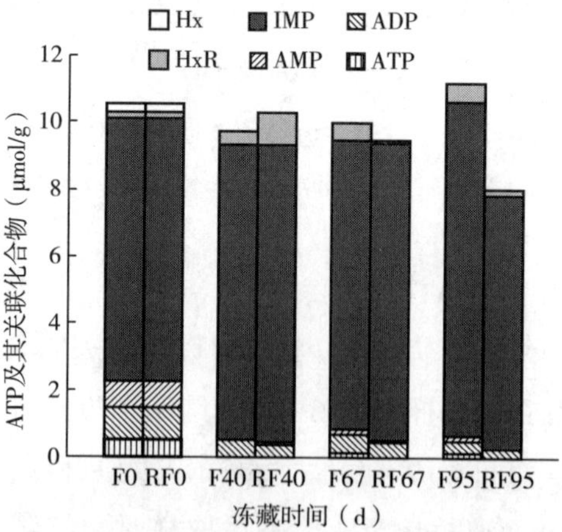

图 6-10　红鳍东方鲀冻藏期间肌肉 ATP 及其关联化合物含量

6. 冰藏及冻藏期间肌肉持水力

鱼肉的水分含量及其在鱼肉中的分布会影响鱼肉的结构和感官特性，因此持水能力被认为是生鱼片的一个重要的品质特征。图 6-11 为红鳍东方鲀在冰藏期间肌肉持水力的变化，图 6-12 为红鳍东方鲀在冻藏期间肌肉持水力的变化。如图 6-11 所示，红鳍东方鲀肌肉在冰藏初期持水力没有显著变化，在冰藏 5d 后下降明显，冰藏对鱼肉持水力的影响在贮藏后期较为显著。Chow 等[7] 认为，在一定的时间范围内，pH 与肌肉的持水力的变化成正比，但持水力的回升并不能代表鱼肉的品质恢复到良好状态。经过冻藏后的红鳍东方鲀，其肌肉持水力不会随冻藏时间的延长而发生特别显著的变化，僵直前冻藏及解僵后冻藏对其影响不大。

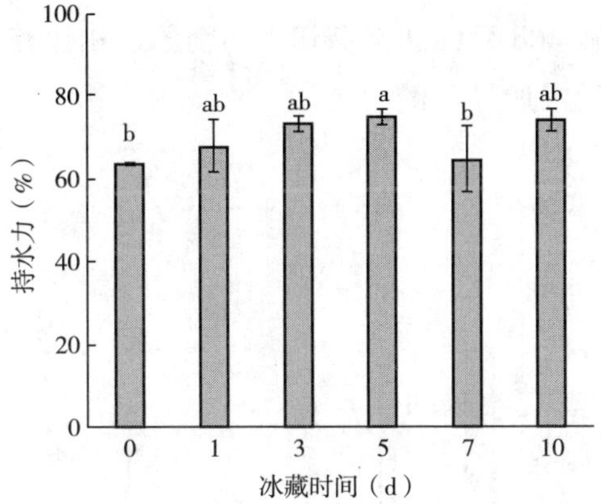

图 6-11　红鳍东方鲀冰藏期间肌肉持水力

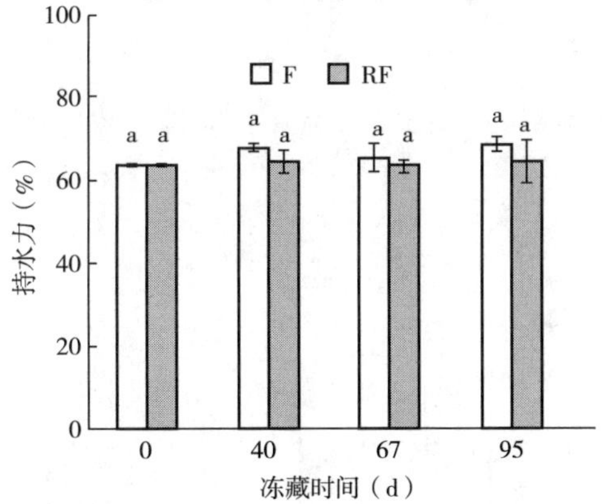

图 6-12　红鳍东方鲀冻藏期间肌肉持水力

7. 冰藏及冻藏期间肌肉剪切力

嫩度是评价肉类物理特性的重要指标之一，而肌肉剪切力与肌肉嫩度密切相关。图 6-13 为红鳍东方鲀冰藏期间肌肉剪切力的变化，图 6-14 为红鳍东方鲀冻藏期间肌肉剪切力的变化。如图 6-13 所示，肌肉剪切力在红鳍东方鲀冰藏期间快速下降，到冰藏第 5d 时由最初的 32.7N 降至 13.6N，之后剪切力变化不再显著。在冰藏期间，鳕鱼肌肉剪切力也会有一个迅速下降的过程，且宰前应激会对肌肉剪切力造成一定影响[95]。剪切力能够反映鱼肉的质构特性，剪切力下降是鱼肉在冻藏过程中质构劣变的主要体现之一[8]，如图 6-14 所示，僵直前冻藏和解僵后冻藏两组红鳍东方鲀肌肉的剪切力变化趋势大体相同，均随贮藏时间的延长发生显著下降，而两组间剪切力的变化并不显著。这说明冻藏时间影响肌肉剪切力的变化，而冻藏前状态并不是红鳍东方鲀肌肉剪切力变化的主要因素。另外，解僵后冻藏组冻藏 40d 后的肌肉剪切力与初始点相比有显著性上升，可能是因为初始点样本误差较大所导致的。

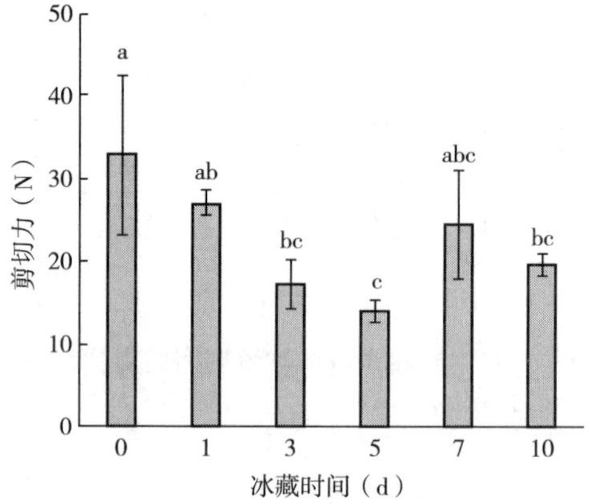

图 6-13　红鳍东方鲀冰藏期间肌肉剪切力

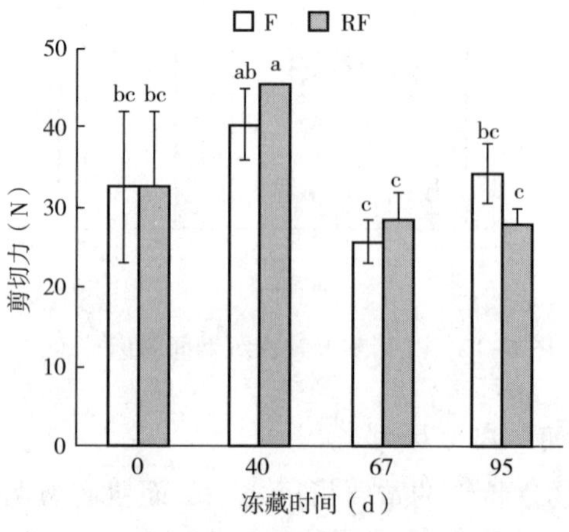

图 6-14　红鳍东方鲀冻藏期间肌肉剪切力

8. 肌原纤维蛋白盐溶解性

鱼肉在冷藏过程中，肌肉蛋白质会发生变性，导致蛋白溶解性发生改变，影响肌肉品质。图 6-15 为红鳍东方鲀冰藏期间肌肉肌原纤维蛋白溶解性的变化，图 6-16 为红鳍东方鲀冻藏期间肌肉肌原纤维蛋白溶解性的变化。如图 6-15 所示，在冰藏期间，红鳍东方鲀肌肉肌原纤维蛋白的溶解性在 80%左右，鲤鱼新鲜肌肉的蛋白溶解性最高可达到 88%[9]。在冰藏 1d 后，蛋白溶解性下降。鱼体死后会发生僵直，肌肉收缩剧烈，肌球蛋白与肌动蛋白会发生紧密的结合，导致蛋白溶解性的降低。当鱼体达到最大僵直后，肌肉的僵直状态会逐渐解除，因此在冰藏到第 7 天时，会观察到肌肉蛋白溶解性的上升。在此之后，肌肉蛋白的溶解性会显著下降，部分肌肉蛋白质可能已经发生变性。如图 6-16 所示，红鳍东方鲀在经过冻藏之后，肌肉蛋白溶解性降低至 60%左右，蛋白质发生变性。其中，僵直前冻藏组的蛋白溶解性随冻藏时间的延长呈现下降的趋势，但变化并不显著，而解僵后冻藏组在冻藏过程中没有十分显著的变化。

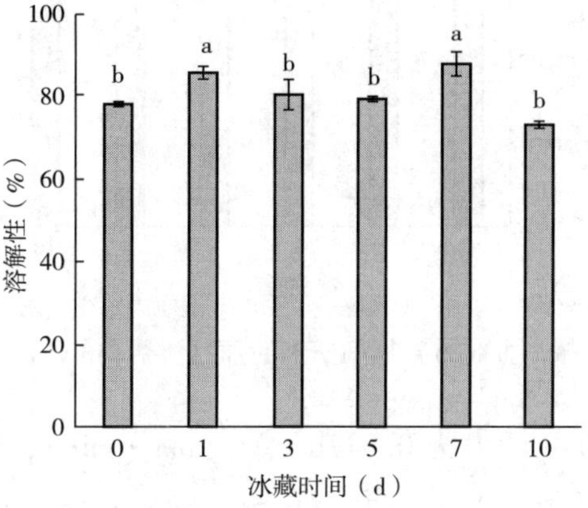

图 6-15　红鳍东方鲀冰藏期间肌原纤维蛋白溶解性

9. 肌原纤维蛋白 Ca^{2+}-ATPase 活力

肌肉中的肌球蛋白分子由球状的头部和纤维状的尾部构成，其头部具有 Ca^{2+}-ATPase 活性，当在蛋白中加入 ATP 时，肌球蛋白头部的 Ca^{2+}-ATPase 会将 ATP 水解为 ADP 和 Pi（无机磷），Pi 可与钼酸铵反应显色，因此钼酸铵法可用来测定肌肉蛋白 Ca^{2+}-ATPase 活力的变化[10]。图 6-17 为红鳍东方鲀冰藏期间肌肉中肌原纤维蛋白 Ca^{2+}-ATPase 活力的变化，图 6-18 为红鳍东方鲀冻藏期间肌肉中肌原纤维蛋白 Ca^{2+}-ATPase 活力的变化。如图 6-17 所示，冰藏 0d 时，红鳍

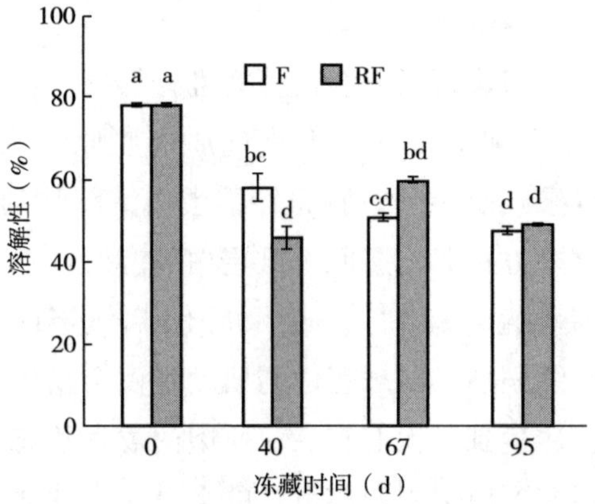

图 6-16　红鳍东方鲀冻藏期间肌原纤维蛋白溶解性

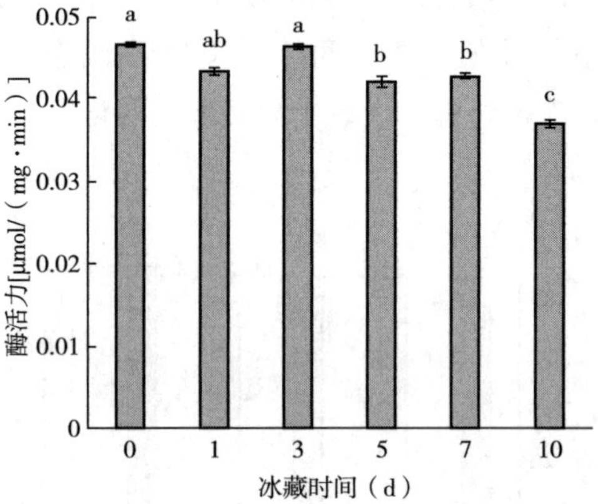

图 6-17　红鳍东方鲀冰藏期间肌肉肌原纤维蛋白 Ca^{2+}-ATPase 活力

东方鲀肌肉 Ca^{2+}-ATPase 活力为 0.047μmol/（mg·min），此时活力最高，新鲜暗纹东方鲀肌肉的 Ca^{2+}-ATPase 活力为 0.54μmol/（mg·min）[11]；草鱼在冰藏 0d 时，肌肉 Ca^{2+}-ATPase 活力在 0.14μmol/（mg·min）左右；新鲜的虾夷扇贝横纹肌的 Ca^{2+}-ATPase 活力可达到 0.41μmol/（mg·min）。相比之下，红鳍东方鲀肌肉 Ca^{2+}-ATPase 活力处于一个较低的水平。在冰藏过程中，红鳍东方鲀肌肉中肌原纤维蛋白 Ca^{2+}-ATPase 活力总体呈现下降的趋势，Siake Dembele 等[12] 发现，鲤鱼和鲶鱼肌肉的 Ca^{2+}-ATPase 活力在冷藏过程中具有相同的变化，Ca^{2+}-ATPase 活力的下降表明，肌肉中肌球蛋白发生了一定程度的变性，蛋白稳定性降低。有报道称，部分巯基的氧化也可能影响 Ca^{2+}-ATPase 活力[13]。在冰藏 3d 时，Ca^{2+}-ATPase 活力较之前有小幅上升，而此时鱼体刚好达到完全僵直的状态。

原因推测可能是因为僵直的发生，使肌动蛋白与肌球蛋白发生了紧密结合，同时激活了 Mg^{2+}-ATPase 的活力[14]，导致测得的 Ca^{2+}-ATPase 活力结果高于其实际水平，但变化并不显著。如图 6-18 所示，僵直前冻藏组的红鳍东方鲀肌肉 Ca^{2+}-ATPase 活力不会随冻藏时间的延长而发生显著变化，而解僵后冻藏组在冻藏 95d 后，Ca^{2+}-ATPase 活力发生明显下降。解僵后冻藏组的 Ca^{2+}-ATPase 活力整体高于僵直前冻藏组，这可能是由于个体差异所导致的。

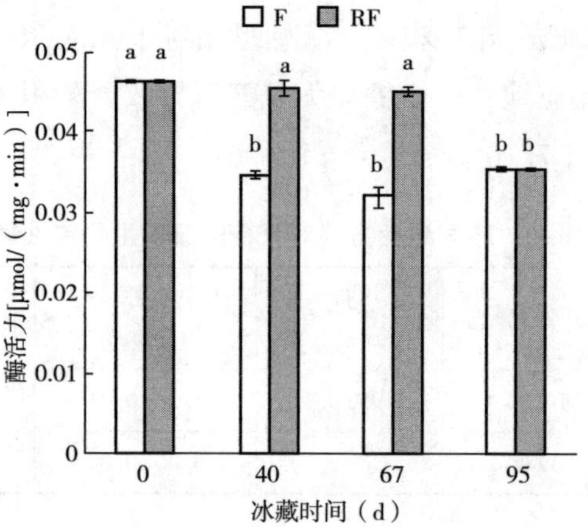

图 6-18　红鳍东方鲀冻藏期间肌肉肌原纤维蛋白 Ca^{2+}-ATPase 活力

10. 小结

红鳍东方鲀在冰藏及冻藏期间，肌肉质地光泽度等均呈现下降趋势，肌肉会发生软化，但不会有裂纹产生。胶原酶活性在贮藏期间没有发生变化，对胶原蛋白不产生降解效果。显微结果显示，冰藏期间肌肉具有较好的稳定性，而在冻藏过程中肌肉组织会产生汁液流失，且僵直前冻藏组因解冻收缩的存在，肌肉汁液流失更为严重。贮藏过程中，红鳍东方鲀肌肉的能量代谢产物以鲜味物质 IMP 为主。贮藏过程中肌肉的持水力没有显著的变化，剪切力随时间的延长而逐渐降低，不受冻藏前状态的影响。冰藏过程中，肌肉蛋白溶解性会受僵直及解僵的影响而先下降后上升，经过冻藏之后，肌肉蛋白溶解性显著降低，蛋白发生变性。红鳍东方鲀肌肉中肌原纤维蛋白 Ca^{2+}-ATPase 活力会随贮藏时间的延长而下降，肌球蛋白发生变性，解僵后冻藏组红鳍东方鲀肌肉肌原纤维蛋白 Ca^{2+}-ATPase 活力高于僵直前冻藏组。

（二）断髓速杀对大菱鲆冰藏稳定性的影响

1. 致死方式对大菱鲆生化特性的影响

本研究比较了鲜活大菱鲆在两个极端处死条件下的代谢结果，分别处于品质的上限和下限。如表 6-2 所示，健康活体断髓速杀后，即无应激组的各项生化指标具有窒息组不可比拟的优势。原料无应激组大菱鲆断髓速杀致死，经 1h 运输抵达实验室后肌肉 ATP 含量为 2. 95μmol/g，而窒息组大菱鲆的 ATP 在挣扎致死过程已全部消耗。从糖原结果来看，窒息组相对于无应激组的 5. 28mg/g 也明显下降至 3. 06mg/g；相应地，由于糖原无氧酵解导致乳酸积累，致使肌肉 pH 明显下降，由无应激组 pH 7. 10 显著降至 pH 6. 61。

表 6-2　不同致死方式对大菱鲆肌肉生化特性影响

组别	致死方式	ATP（μmol/g）	糖原（mg/g）	乳酸（mmol/g）	pH
无应激组	断髓速杀	2. 95±0. 15	5. 28±0. 01	0. 15±0. 01	7. 10±0. 02
窒息组	窒息致死	—	3. 06±0. 00	0. 18±0. 01	6. 61±0. 08

注　—表示无检出。

2. 冰藏期间肌肉生化特性变化

图 6-19 为冰藏组冰藏大菱鲆 ATP 关联物的变化特点。如图所示，断髓速杀的大菱鲆，冰藏初期伴随着 ATP 降解 IMP 迅速积累后，6d 冰藏期间一直呈现 IMP 突出积累特征；降解产物 HxR 在 2d 开始出现，总体上核苷酸关联物 AMP、ADP、HxR 处于平稳趋势。至冰藏 7d 呈现明显变化，因关联物降解导致低级降解产物 Hx 陡然增长。

鱼体死后，机体处于无氧酵解，ATP 迅速被分解为 ADP、AMP、IMP、HxR、Hx 等代谢产物。由于 5′-核苷酸酶活性较低，导致 IMP 在体内蓄积。如图 6-19 所示，在冰藏第 1d 大菱鲆肌肉 ATP 含量急剧下降，而 IMP 作为鱼体死后的鲜度指标，以及鱼肉中重要的鲜味呈味物质在贮藏第 6d 含量仍然能维持较高水平，可以看出大菱鲆具有极好的冰藏稳定性。冰藏初始点的肌肉 ATP 含量为 2. 95μmol/g，贮藏 1d 后急剧下降至 0. 6μmol/g，此后 ATP 全部降解为其他代谢产物。IMP 含量在冰藏过程中呈现先上升后下降的趋势，在第 2d 达到最高值 9. 81μmol/g。贮藏 2d 后，肌肉中检出 HxR，在随后贮藏过程中含量增加。其他降解产物在贮藏过程中变化平稳。贮藏 7d 后，鱼体肌肉中只能检测出最终降解产物 Hx，其余代谢产物全部降解。

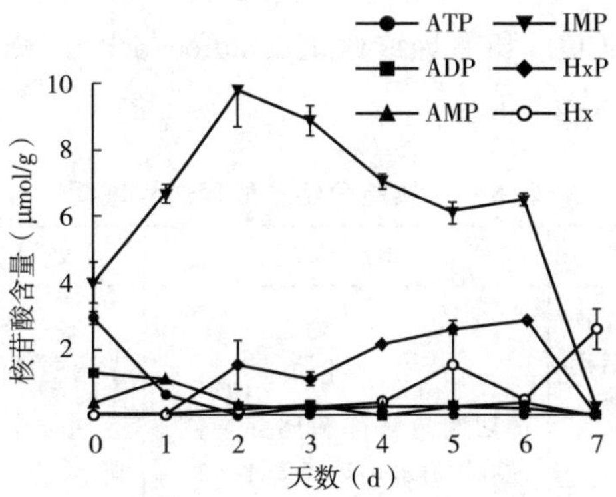

图 6-19　大菱鲆 7d 冰藏期间 ATP 关联物的变化

冰藏期间大菱鲆肌肉中的糖原含量持续下降，乳酸含量增加，pH 呈现先上升后下降趋势（表 6-3）。死后鱼体短时间内依靠消耗糖原继续合成 ATP 维持细胞活动，初始点肌肉糖原含量为 5. 28mg/g，贮藏 1d 后糖原含量急剧下降至 1. 25mg/g；随着贮藏时间的延长，糖原持续降解，在贮藏第 7 天时糖原含量降至 0. 43mg/g。在对红鳍东方鲀在冰藏过程中的生化特性研究中，速杀后冰藏的红鳍东方鲀冰藏 1d 后肌肉中糖原含量由 10. 92mg/g 降至 1mg/g 左右[6]。大菱鲆在死后贮藏初期的乳酸含量为 0. 15 mmol/g，由于糖酵解产生的乳酸在肌肉中不断累积，在贮藏 2d 乳酸含量达到最高值 0. 22 mmol/g。肌肉 pH 在初始点为 7. 10，乳酸蓄积后，在贮藏 2d 达到最低点 6. 61，随着碱性含氮代谢产物的产生 pH 呈现上升趋势。

表 6-3　大菱鲆冰藏期间糖原、乳酸及 pH 的变化

天数（d）	糖原（g）	乳酸（mmol/g）	pH
0	4. 49±0. 32	0. 15±0. 02	7. 03±0. 12
1	4. 56±0. 04	0. 09±0. 01	7. 16±0. 06
2	3. 77±0. 09	0. 14±0. 02	7. 21±0. 04
3	3. 97±0. 01	0. 13±0. 02	7. 16±0. 07
4	7. 08±0. 08	0. 17±0. 03	7. 19±0. 01
5	6. 13±0. 10	0. 10±0. 01	7. 34±0. 04
6	6. 18±0. 20	0. 11±0. 01	7. 19±0. 03
7	8. 17±0. 21	0. 10±0. 01	7. 12±0. 01

（三）不同致死方式对许氏平 冰藏稳定性的影响

试验分为破髓致死组（spinal cord destruction，SCD）、断髓致死组（spinal cord cutting，SCC）和窒息致死组（suffocation in air，SA）三组，各组处理方法如表 6-4 和图 6-20 所示。

表 6-4 实验分组及处理过程说明

<table>
<tr><th>组别</th><th>致死方式</th><th>排血方式</th><th>处理方式</th><th>贮藏方式</th></tr>
<tr><td>SCD</td><td>两个鱼眼中间用铁锥锥出孔洞，然后用细铁丝插入并破坏脊髓</td><td rowspan="3">切断鱼鳃部和尾部脊髓，放在冰海水（冰：海水 = 3：1，海水盐度 1.0）中放血</td><td rowspan="3">鱼体中心温度降至 0℃ 左右，去内脏，清洗</td><td rowspan="3">用塑料袋包装，贮藏在 0～2℃的冰箱中</td></tr>
<tr><td>SCC</td><td>断髓速杀</td></tr>
<tr><td>SA</td><td>将活鱼暴露在空气中 1.5h</td></tr>
</table>

注 SCD 为最低胁迫-破坏脊髓；SCC 为低胁迫-断髓致死；SA 为高胁迫-窒息致死。

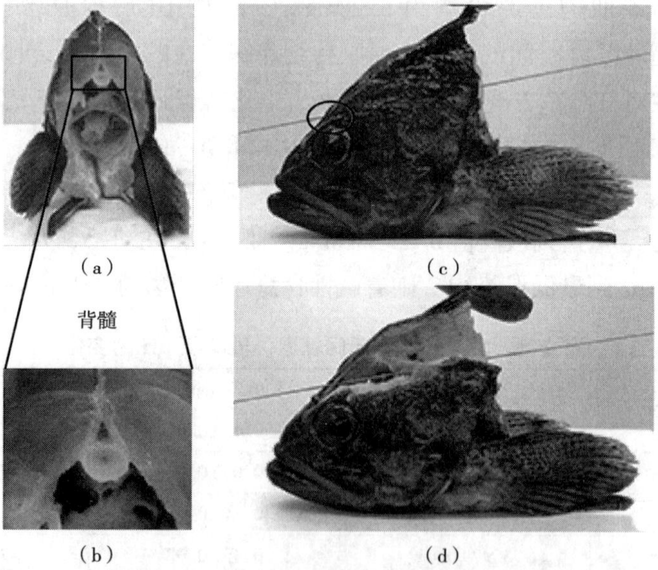

图 6-20 脊髓破坏示意图

注 (a)、(b) 为许氏平鲉脊髓截面；(c)、(d) 为铁丝破坏脊髓。

1. 冷藏期间僵直指数的变化

现有产地的以许氏平鲉以初级农产品销售模式为主，缺少对许氏平鲉死后僵直规律的研究。因此，本研究将先探索冷藏期间许氏平鲉僵直特性的变化情况。在贮藏6h后，SA组的僵直指数已达到90%，在24~48h时开始解僵（图6-21）。而SCD组和SCC组在贮藏6h时分别为22.14%和22.86%，同时在1d时测得最大僵直，SCD组最大僵直持续24h，之后逐渐解僵，在贮藏120h时3组僵直指数分别为47.86%、51.43%和45.00%。

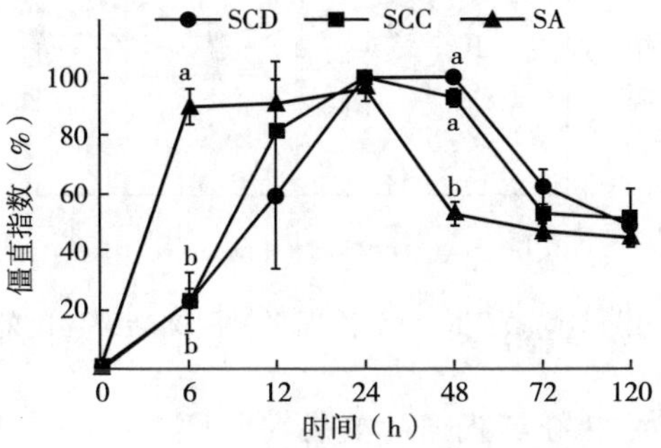

图6-21　不同致死应激下许氏平鲉僵直指数的变化

注　标有不同小写字母者表示组间有显著性差异（$P<0.05$）。

2. 冷藏期间肌肉收缩率的变化

冷藏期间许氏平鲉肌肉收缩率结果（图6-22）显示，SCD组和SCC组在6~12h没有明显变化，12~24h呈上升趋势，24h时分别达到（11.45%±3.45%）h和11.90%±2.10%，之后没有变化。SA组在整个贮藏期间均没有明显变化。

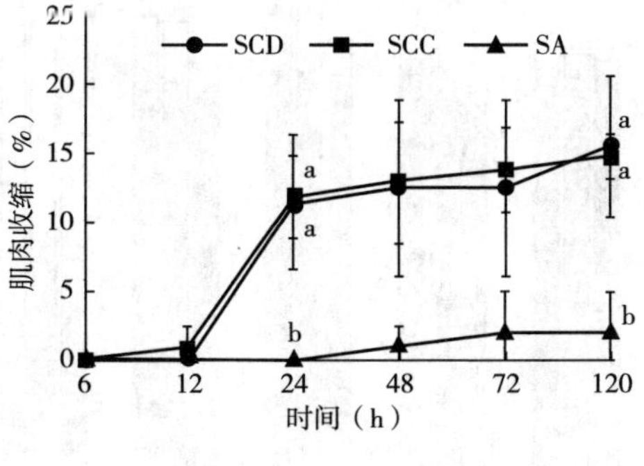

图6-22　不同致死应激下许氏平鲉肌肉收缩率的变化

注　标有不同小写字母者表示组间有显著性差异（$P<0.05$）。

3. 冷藏期间肌肉质地的变化

冷藏期间许氏平鲉肌肉断裂强度结果（图6-23）显示，3组的断裂强度均呈下降趋势。SA 组的断裂强度低于 SCD 组和 SCC 组，SCD 组和 SCC 组直接没有差异。

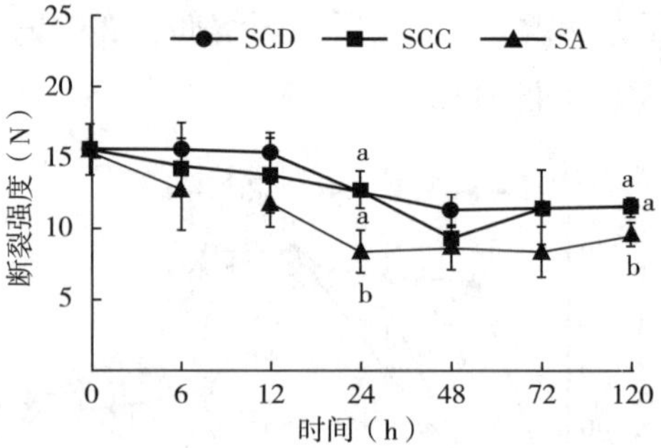

图 6-23　不同致死应激下许氏平鲉肌肉断裂强度的变化

4. 冷藏期间肌肉 ATP 分解代谢的变化

在初始点 ATP 含量为 2.83μmol/g，随着贮藏时间的延长 ATP 逐渐降解，SA 组降解的速率最快，SCD 组降解的最慢。随着 ATP 的降解，IMP 呈先增加后下降的趋势，在 24h 时 IMP 达到最大。随着贮藏时间的延长，Hx 逐渐积累，SA 组积累的速率最快，SCD 组积累的最慢。在 120h 时，SCD 组、SCC 组和 SA 组 Hx 分别达到 8.10μmol/g、9.57μmol/g 和 9.97μmol/g（图 6-24）。

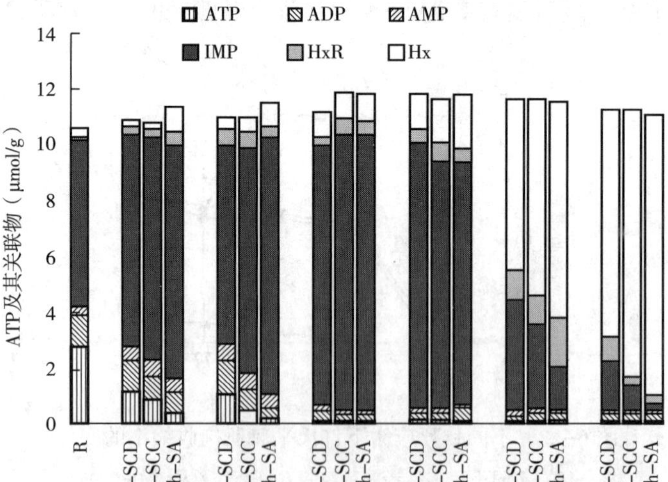

图 6-24　致死应激对肌肉 ATP 分解代谢的影响

5. 冷藏期间肌肉糖酵解的变化

冷藏期间许氏平鲉肌肉 pH 结果（图 6-25）显示，SCD 组在整个贮藏期间呈逐渐下降趋势，最低值为 6.58；SCC 组呈下降的趋势，最低值为 6.56；SA 组在贮藏期间呈先下降后上升的趋势，最低值为 6.54。

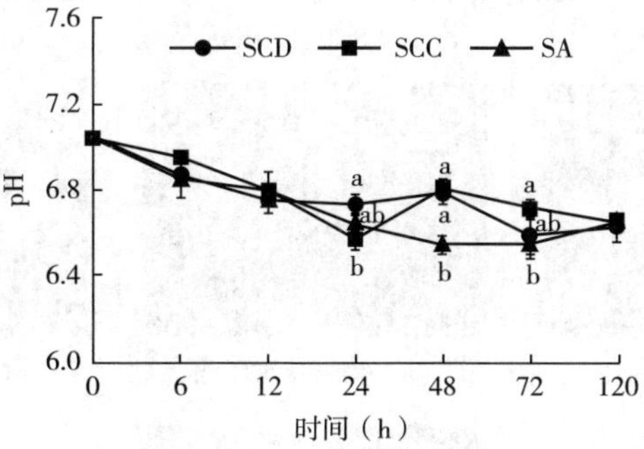

图 6-25　致死应激对肌肉 pH 的影响

6. 冷藏期间肌肉白度值的变化

在冷藏条件下，不同致死胁迫对许氏平鲉肌肉白度值的影响如表 6-5 所示。结果表明致死胁迫对肌肉白度没有影响，且两组在冷藏期间白度值没有变化。

表 6-5　致死应激对许氏平鲉肌肉白度的延迟效应

时间（h）	SCD	SCC	SA
0	56.61 ± 2.14	—	—
6	56.33 ± 3.57[a]	60.16 ± 1.33[a]	55.73 ±2.39[a]
12	56.05 ± 0.34[a]	58.73 ± 1.24[a]	56.09 ± 0.12[a]
24	58.33 ± 0.34[a]	59.82 ± 0.76[a]	57.53 ± 0.65[a]
48	58.02 ± 1.25[a]	59.34 ± 0.68[a]	57.34 ± 0.16[a]
72	57.66 ± 0.03[a]	60.44 ± 1.09[a]	58.48 ± 0.34[a]
120	61.33 ± 1.45[a]	60.24 ± 0.96[a]	58.08 ± 0.21[a]

7. 冷藏期间肌肉细胞的变化

冷藏期间许氏平鲉肌肉细胞显微结构如图 6-26 所示。在原料点，细胞分布均匀，排列紧密，间隙较小。贮藏 48h 后，SCD 组细胞间隙没有明显增加，SCC 组和 SA 组间隙增大。贮藏 120h 后，3 组细胞间隙均有增加，SCC 组细胞间隙增加的较多，细胞分布不均匀，SCD 组细胞间隙增加最少。

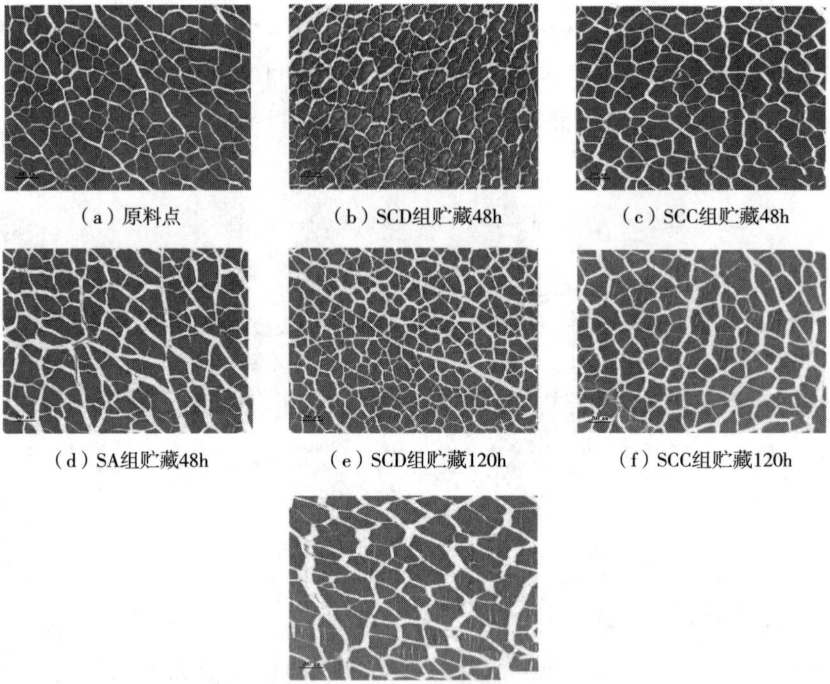

（a）原料点　（b）SCD组贮藏48h　（c）SCC组贮藏48h

（d）SA组贮藏48h　（e）SCD组贮藏120h　（f）SCC组贮藏120h

（g）SA组贮藏120h

图 6-26　致死应激对肌肉细胞的延迟效应

（四）不同致死方式对褐牙鲆冰藏稳定性的影响

实验设破髓组 SCD（spinal cord destruction）、断髓组 SCC（spinal cord cut）、窒息组 SA（suffocation in air），以破髓速杀为原料点（0h），各组处理方法如下。①破髓速杀：在实验室将活体褐牙鲆从运输箱中逐条捞出，用铁锥从褐牙鲆眼睛上方平行插入 5cm 深，然后用钢丝线伸入鱼脊髓快速抽插，破坏神经系统，鳃切并断尾在冰海水中放血，去内脏后在冰海水中降温至 0℃后，将胴体用包装袋单体分装后置于泡沫箱中，在 0～2℃层析柜中贮藏 120h，记为 SCD 组，破髓速杀鱼头解剖示意图如图 6-27 所示。②断髓速杀：在实验室将活体褐牙鲆从运输箱中逐条捞出随即断髓速杀，鳃切并断尾在冰海水中放血，去内脏后在冰海水中降温至 0℃后，将胴体用包装袋单体分装后置于泡沫箱中，在 0～2℃层析柜中贮藏 120h，记为 SCC 组。③缺氧致死：在实验室将活体褐牙鲆从运输箱中逐条捞出置于塑料筐中，在空气中缺氧挣扎 90min 致死后鳃切并断尾在冰海水中放血，去内脏后在冰海水中降温至 0℃后，将胴体用包装袋单体分装后置于泡沫箱中，在 0~2℃层析柜中贮藏 120h，记为 SA 组。

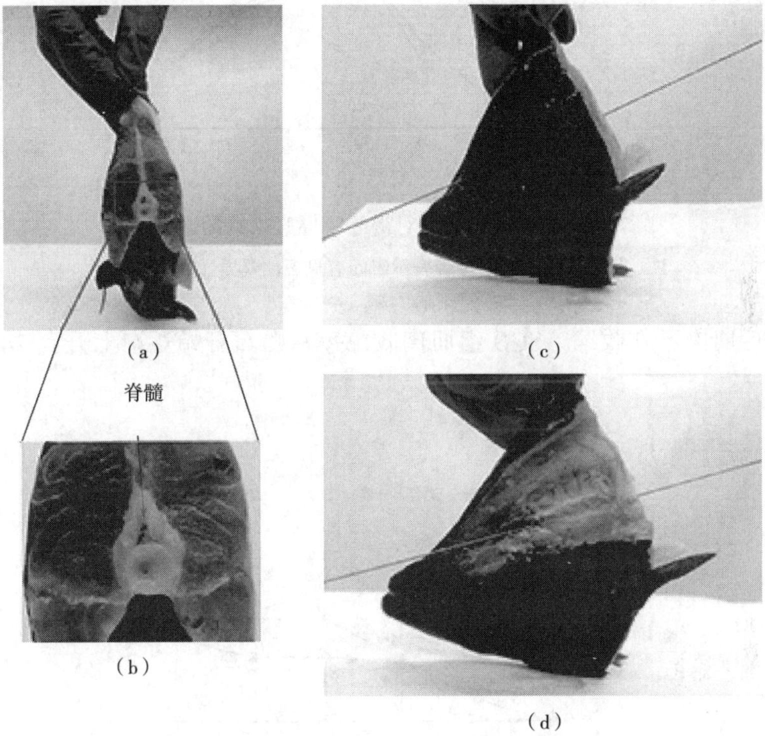

图 6-27　破髓速杀鱼头解剖示意图

注　(a)、(b) 为褐牙鲆脊髓截面；(c)、(d) 为铁丝破坏脊髓

1. 致死应激与褐牙鲆僵直指数

如图 6-28 所示，在死后 6h 内，3 组都开始发生僵直。SA 组僵直发展迅速，在 6h 时僵直指数达到 65%，最大僵直发生在 6~12h 内。SCC 组僵直指数在 6h 内缓慢上升，6~24h 内迅速发展，最大僵直发生在 24~48h 内。相比于这两组，SCD 组在整个贮藏过程中则显示出更慢的僵直发展过程，最大僵直发生的最晚，在 48~72h 内。

2. 致死应激与褐牙鲆肌肉收缩率

致死应激对褐牙鲆肌肉收缩率的影响如图 6-29 所示。在整个贮藏期间，SA 组没有变化，肌肉收缩率为 0。SCC 组在 6~12h 时肌肉收缩率为 0，之后缓慢上

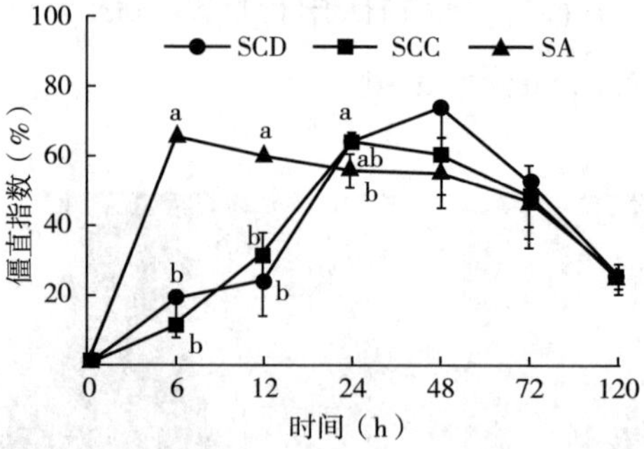

图 6-28　致死应激对褐牙鲆僵直指数的影响

注　标有不同小写字母者表示组间有显著性差异（$P<0.05$）。

升到 48h 后肌肉不在收缩。SCD 组肌肉收缩率从贮藏开始逐渐上升到 24h 后肌肉不在收缩。

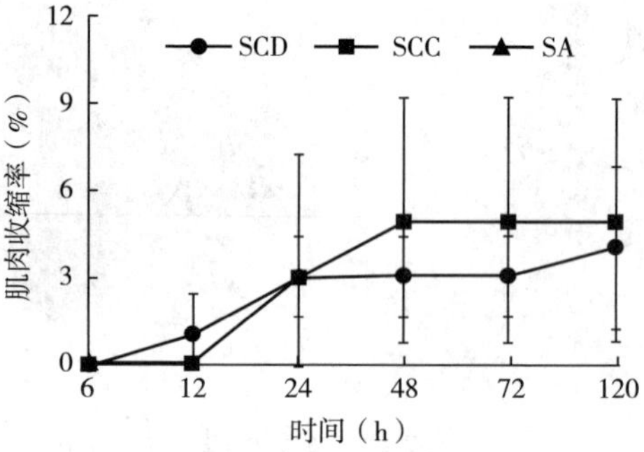

图 6-29　致死应激对褐牙鲆肌肉收缩率的影响

3. 致死应激与褐牙鲆肌肉断裂强度

如图 6-30 所示，随着贮藏时间的延长，断裂强度整体呈下降趋势并逐渐趋于平缓。从贮藏开始到第 6h，SCC 组没有明显变化，且在 24h 达到最低值 3.70N，SA 组呈明显下降趋势，并达到最低值为 3.93N；而 SCD 组断裂强度则在 6h 上升达到最大值 16.30N，之后开始下降，在 24h 达到最低值 3.03N。相比于另外两组，SCD 组断裂强度下降延迟 6h，延缓了肌肉的软化。

4. 致死应激与褐牙鲆肌肉糖酵解

3 组褐牙鲆肌肉的 pH 均随时间的延长呈先下降后上升的趋势（图 6-31）。本试验初始 pH 为 7.03，SA 组 pH 前 6h 内迅速下降至 6.59，且在 12h 下降到最低值 6.47。这可能是由于死前处于缺氧环境，无氧代谢产生大量乳酸，使 pH 明

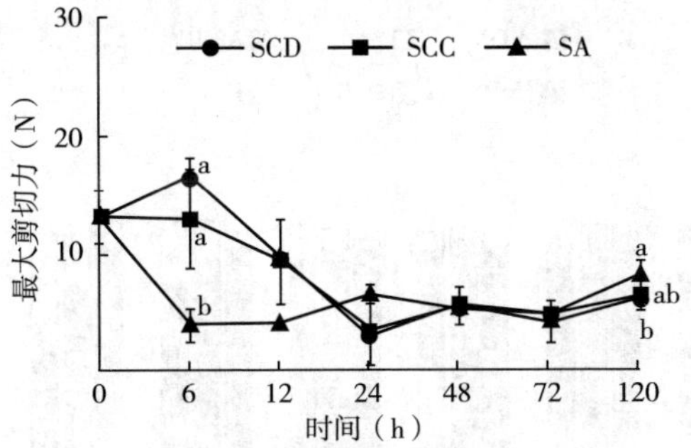

图 6-30 致死应激对褐牙鲆肌肉断裂强度的影响

显下降。SCC 组 pH 在 6~12h 内迅速下降，从 6. 96 降到 6. 58，且在第 48h 达到最低值 6. 44。SCD 组 pH 在整个贮藏期间呈缓慢下降趋势，同样在第 48h 达到最低值 6. 47。

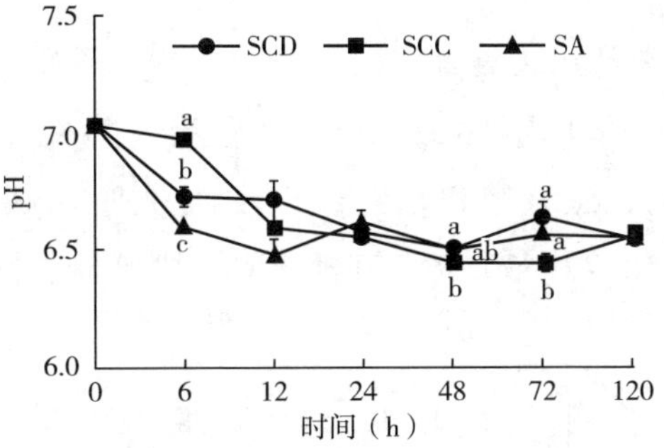

图 6-31 致死应激对褐牙鲆肌肉 pH 的影响

5. 致死应激与褐牙鲆肌肉 ATP 降解

如图 6-32 所示，褐牙鲆肌肉中初始 ATP 含量为 3. 13μmol/g，SA 组 ATP 在贮藏后 6h 快速降解为 0. 47μmol/g，此时 IMP 迅速积累为 7. 15μmol/g，在 12h 时 ATP 含量降解为零。SCC 组 ATP 含量由 6h 的 2. 95μmol/g 下降到 48h 全部耗尽。SCD 组 ATP 含量在整个贮藏期间缓慢下降，由 6h 的 2. 69μmol/g 下降到 72h 全部耗尽，此时 IMP 含量还维持在较高水平 7. 82μmol/g。同时，初始 Hx 为 0. 10μmol/g，随着死后时间增加含量逐渐增加，表明鱼类新鲜度有所下降。SA 组随着贮藏时间的延长，在第 120h 的 Hx 含量高达 3. 56μmol/g，SCC 组 Hx 含量为 2. 54μmol/g，SCD 组样本中的 Hx 的含量最低为 1. 56μmol/g。在整个贮藏期间，3 组均未检测到检测到 HxR 的存在。

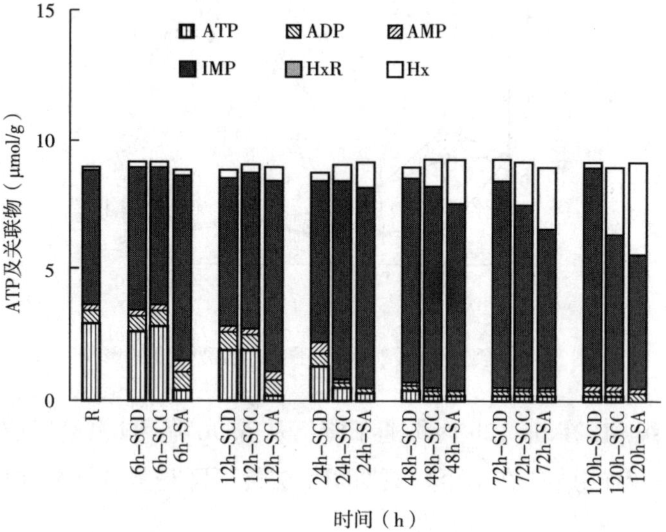

图 6-32　致死应激对褐牙鲆 ATP 及关联物的变化

6. 致死应激与褐牙鲆肌肉白度

褐牙鲆鱼肉的白度值变化结果如图 6-33 所示。在 6h 和 48h 时，3 组组间有显著性差异（$P<0.05$），SCD 组和 SCC 组白度值分别为 53.57、54.15 和 53.49、52.92，略高于 SA 组 50.77、50.96，其他时间点则无显著性差异（$P>0.05$）。

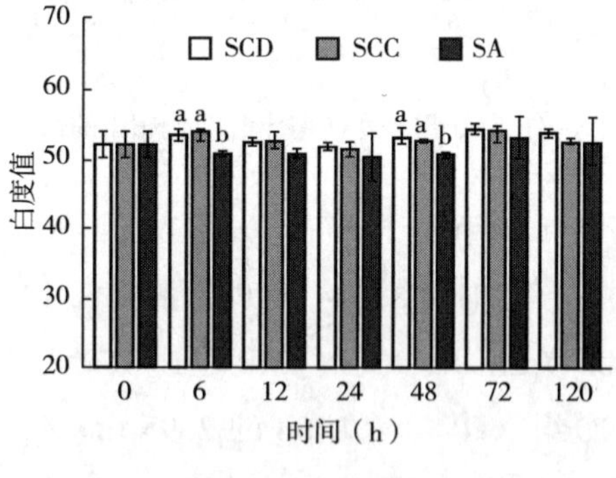

图 6-33　致死应激对褐牙鲆白度的影响

7. 致死应激对褐牙鲆显微结构的影响

在贮藏过程中，普通肌肉横截面的光学显微镜观察结果如图 6-34 所示。初始点脊髓破坏致死的鲜活褐牙鲆肌肉组织结构紧凑，在死亡后，几乎所有的肌肉细胞都紧密地连接在一起。SA 组在贮藏到 12h，某些地方观察到肌细胞的细胞间隙，此时 SCD 组和 SCC 组未观察到明显的细胞间隙。在死后 48h，SCD 组细胞间隙开始增大，且小于 SCC 组的细胞间隙，此时 SA 组则出现更大的细胞间隙。

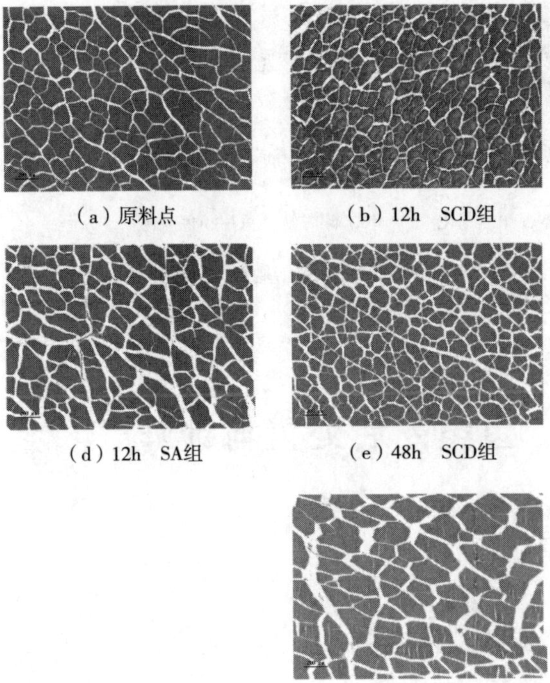

（a）原料点　（b）12h　SCD组　（c）2h　SCC组

（d）12h　SA组　（e）48h　SCD组　（f）48h　SCC组

（g）48h　SA组

图 6-34　致死应激对褐牙鲆肌肉横截面显微结构的影响

（放大倍数为 100 倍）

8. 致死应激对感官品质的影响

体表和肌肉的颜色是鱼品鲜度判断的最有效方法，影响消费者对鱼肉的接受度。如图 6-35 所示，SCD 组褐牙鲆的快速致死方式使得体表颜色无明显变化，与死前体表颜色相似，贮藏 6h 时鱼片曾半透明白色。这说明破髓速杀使褐牙鲆死前受到应激较小，保持了更好的感官品质。在断髓速杀后，SCC 组褐牙鲆神经未完全死亡，仍能感受到疼痛，鱼鳍中血管在轻微应激条件下充血，贮藏 6h 时鱼片颜色曾较深的乳白色。SA 组褐牙鲆暴露在空气中长时间缺氧疲劳致死，造成血液淤积在体内，鱼鳍中血管在高应激条件下充血破裂导致鱼鳍呈明显的红色，贮藏 6h 时鱼片曾暗红色，说明死前应激反应很强。

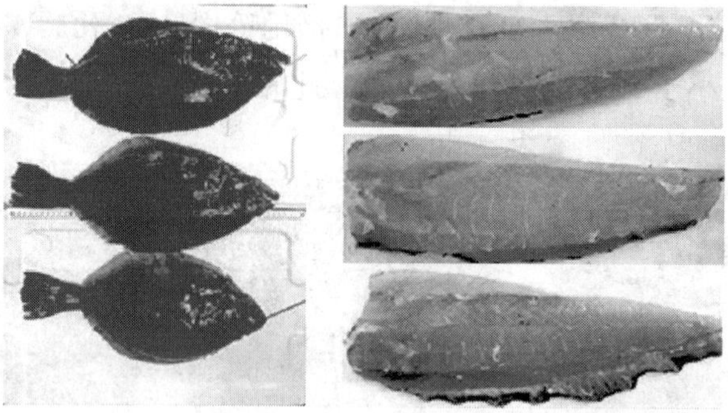

（a）致死后鱼休体表颜色变化　　（b）6h时解剖鱼片颜色变化

图 6-35　致死应激对褐牙鲆感官品质的影响

注　从上到下依次为 SCD 组、SCC 组、SA 组。

第二节　鱼类死后处置与锁鲜

一、排血处置与锁鲜

（一）许氏平鲉排血处置的锁鲜效果

鱼体速杀后快速冷却是易逝期锁鲜调控的基本操作。鱼体温度短时间内下降至 0℃ 可延缓品质下降，但温度过低不利于血液流动。在速杀后增加常温海水排血的步骤，增强排血效果，对鱼片感官具有很大提升，延缓了僵直及 pH 变化，有效阻止 IMP 降解为 HxR 和 Hx，呈现良好的冷藏稳定性。试验设室温排血组（normal temperature bleeding，N）和冰海水排血组（ice seawater bleeding，I），各组处理方法见表 6-6。

表 6-6　试验分组及处理过程说明

组别	致死方式	排血方式	处理方式	贮藏方式
N	破坏脊髓致死	切断鱼鳃部和尾部脊髓，在常温（温度 17℃）海水（盐度 1.0）中放血 10min 后，放入冰海水（冰：海水＝3：1）中降温	鱼体中心温度降至 0℃ 左右，去内脏，清洗	用塑料袋包装，贮藏在冰箱中（0~2℃）
I		切断鱼鳃部和尾部脊髓，放在冰海水中放血并降温		

注　N 为常温排血组；I 为冰海水排血组。

1. 冷藏期间鱼片颜色的变化

不同排血方式对许氏平鲉鱼片的影响如图 6-36 所示。N 组在常温海水中排血，排血温度与鱼生活环境温度相等，利于血液流动，鱼片血液残留较少，鱼片呈乳白色；而 I 组温度低不利于血液排出，使鱼片呈微红色。随着贮藏时间的延长，鱼片特有的光泽及半透明状消失。

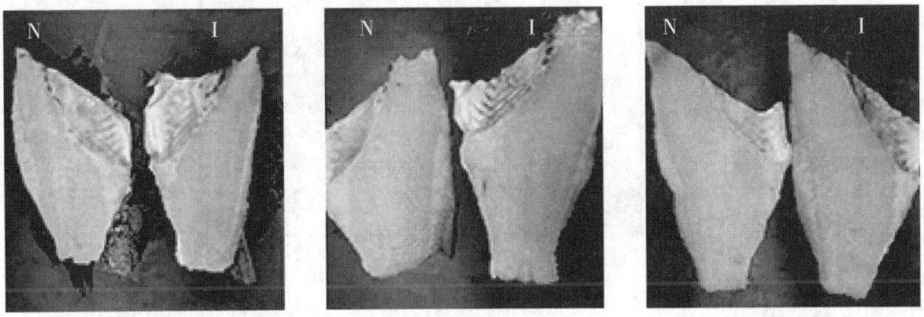

（a）0h　　（b）48h　　（c）120h

图 6-36　不同排血方式对许氏平鲉鱼片的影响

2. 冷藏期间肌肉白度值的变化

不同排血方式下肌肉白度值的变化如表 6-7 所示。两组之间白度值没有差异，且随着贮藏时间的延长，白度值也没有变化。N 组在 0h 的 a^* 为 5.61，而 I 组在 0h 的 a^* 为 8.07，I 组的 a^* 较高是由于血液没有及时排出，肌肉中残留较多。

表 6-7　不同排血方式许氏平鲉肌肉白度值的变化

组别	指标	0h	24h	48h	72h	120h
N	L^*	68. 40±1. 63	61. 71 ±1. 33	63. 98 ±1. 75	67. 16±1. 86	67. 71±1. 31
	a^*	5. 61±0. 83	6. 36±0. 53	5. 01±0. 62	5. 95±1. 03	6. 49±0. 46
	b^*	0. 00±0. 04	−1. 03±0. 14	−1. 46±0. 10	−1. 06±0. 65	−1. 94±0. 18
	白度值	67. 90±1. 72	61. 16±1. 32	63. 60±1. 81	66. 59±1. 97	67. 01±1. 35
I	L^*	65. 37±1. 24	65. 76±1. 52	64. 27±1. 12	66. 92±2. 57	65. 11±0. 46
	a^*	8. 07±0. 60	6. 08±0. 56	6. 73±0. 99	5. 76±1. 44	6. 74±0. 27
	b^*	0. 08±0. 37	−0. 66±0. 17	−1. 86±0. 28	−1. 23±0. 62	−2. 51±0. 50
	白度值	64. 43±1. 14	65. 21±1. 46	63. 58±1. 00	66. 37±2. 76	64. 37±0. 52

3. 冷藏期间僵直指数的变化

不同排血方式下僵直指数的变化如图 6-37 所示。两组在 6h 僵直指数上升，但I组僵直指数较大；两组在24h同时达到最大僵直，随后逐渐解僵，在48~72h期间N组下降缓慢，在120h时N组和I组僵直指数分别达到59.54%和60.31%。

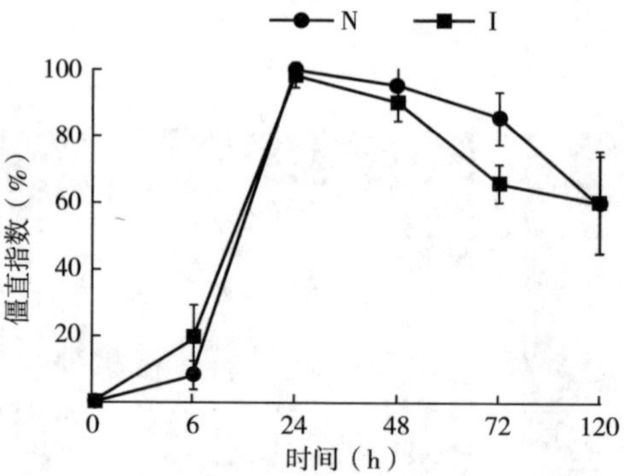

图6-37　不同排血方式对许氏平鲉僵直指数的影响

4. 冷藏期间肌肉质地的变化

如图6-38所示冷藏期间许氏平鲉的质地呈逐渐下降趋势。在0h时，N组和I组的硬度分别为67.00和66.43N；贮藏6h，肌肉的硬度两组均出现上升趋势。随着冷藏时间的延长，硬度逐渐下降，但N组下降趋势较为缓慢，在120h时分别降至33.80N和29.92N。在0h时，N组和I组的弹性分别为1.71mm和1.73mm，随着冷藏时间的延长，弹性逐渐下降，但N组下降趋势较为缓慢，在120h时分别降至1.26mm和1.17mm。胶黏性在贮藏期间也呈逐渐下降的趋势，在0h时N组和I组分别为10.60和10.17N，随着冷藏时间的延长，在120h时分别降至5.16和4.68N，可以看出N组下降较为缓慢。在0h时，N组和I组的咀嚼性分别为18.45mJ和17.37mJ；贮藏6h，肌肉的咀嚼性两组均出现上升趋势。随着冷藏时间的延长，咀嚼性逐渐下降，但N组下降趋势较为缓慢，在120h时分别降至6.51mJ和5.51mJ。

5. 冷藏期间肌肉糖酵解的变化

如图6-39所示，pH在鱼死后24h迅速下降，I组在24h下降至最低点为6.43，N组在48h下降至最低值为6.60。两组pH在下降至最低后，由于微生物的作用而逐渐上升。I组pH上升比较快速，在120h达到6.69；而N组pH上升比较缓慢，在120h达到6.65。

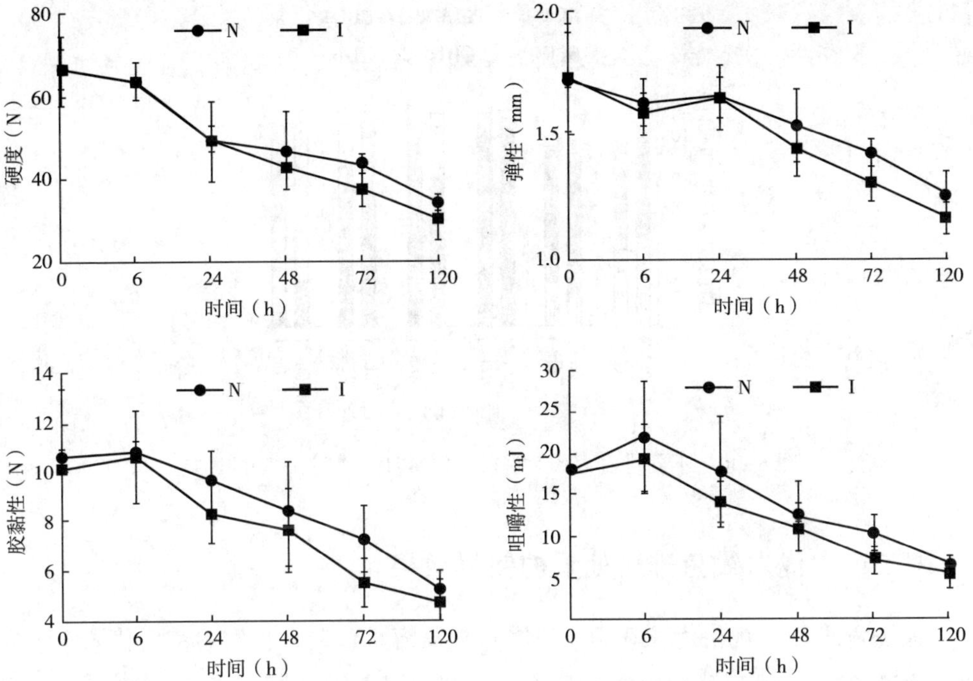

图 6-38　不同排血方式对许氏平鲉质地的影响

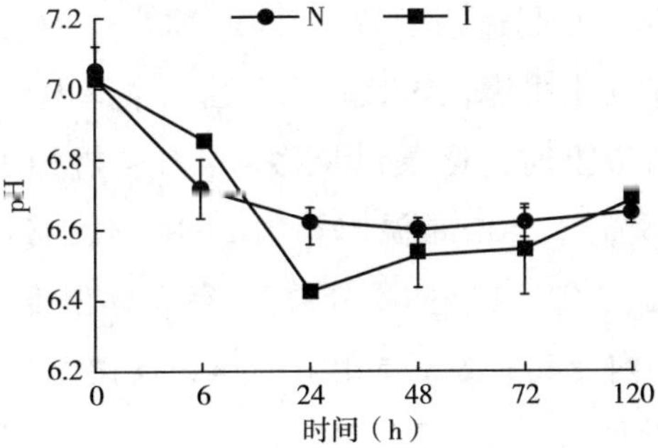

图 6-39　不同排血方式对肌肉 pH 的影响

6. 冷藏期间肌肉 ATP 及其关联化合物的变化

如图 6-40 所示，初始 ATP 含量在死后 N 组和 I 组为 2.47μmol/g 和 2.84μmol/g。随着贮藏时间延长，ATP 逐渐降解，在 24h 完全降解。IMP 含量逐渐增加，在 24h 两组 IMP 含量达到最大，而后逐渐分解为 HxR 和 Hx，可以看出 N 组分解速率较慢。在 120h 时 N 组和 I 组 HxR 含量为 6.06 和 8.07μmol/g。

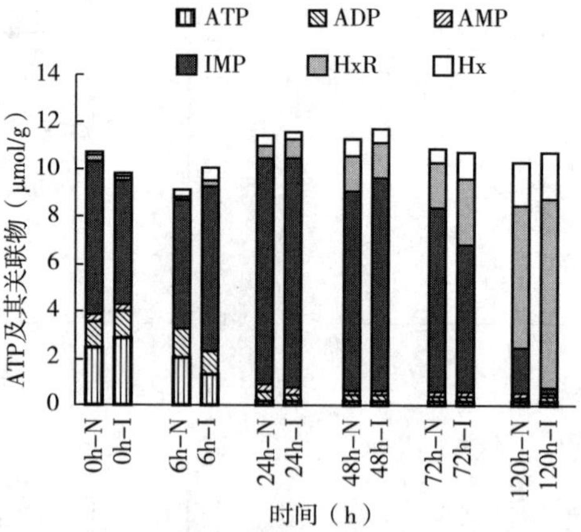

图 6-40　不同排血方式对许氏平鲉 ATP 及其关联物的影响

（二）大泷六线鱼排血处置的锁鲜效果

大泷六线鱼（规格为 300～400g/尾）充氧海水包装运抵实验室后移入充氧人工海水暂养 2h，然后分别以断髓和窒息两种方式致死，断髓后分别置于常温水箱和冰水箱中排血 10min。试验分为增强锁鲜（well-bled，WB）、常规锁鲜（poor-bled，PB）和窒息组（none-bled，NB）3 组，各组具体处置方案如下。①常规锁鲜：健康活体经断髓速杀后置于 240L 冰水箱内［（1∶1）体积分数］21 尾排血 10min，逐条捞出去鳃及内脏后置于冰水中降温［（2∶1）体积分数］，待鱼体温度冷却至 2℃以下时，逐条包装移入 4℃层析柜内冷藏。②增强锁鲜：健康活体经断髓速杀后置于 240L 常温水箱内 21 尾排血 10min，逐条捞出去鳃及内脏后置于冰水中降温［（2∶1）体积分数］，待鱼体温度冷却至 2℃以下时，逐条包装移入 4℃层析柜内冷藏。③窒息组：活体原料离水后放置室温环境窒息死亡，作为锁鲜组对照处理组。

1. 排血效果对死后僵直进程影响

鱼类僵直的发生受多种因素的影响，如鱼种差异、宰前应激、致死方式、贮藏条件等，都会影响僵直的进程。在鱼死后，肌肉 ATP 发生快速降解，糖原也逐渐被消耗，肌动蛋白和肌球蛋白相结合形成肌动球蛋白复合体使僵直发生。排血增强与否对冰藏条件下大泷六线鱼死后僵直进程的各个阶段有显著的延长效果。增强排血即 WB 组在覆冰贮藏 15h 达到最大僵直，而 PB 组在覆冰贮藏 12h 达到最大僵直，并且 PB 组的解僵时间早于 WB 组。在覆冰保存 48h 发现，PB 组可发生完全解僵，而 WB 组僵直指数为 12.5%。大泷六线鱼冰藏期间的僵直状态以及僵直指数如图 6-41、图 6-42 所示。

（a）原料初始点

（b）WB 11h

（c）WB 15h

（d）WB 33h

（e）WB 48h

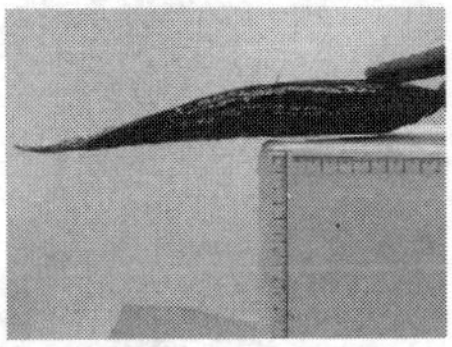

（f）PB 11h

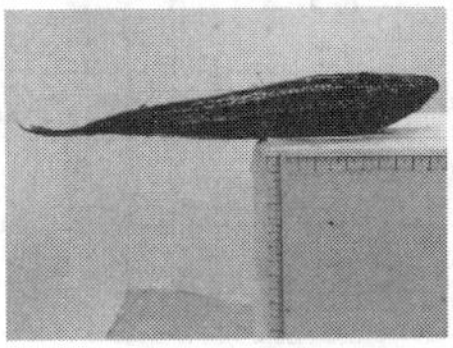

（g）PB 15h

（h）PB 33h

（i）PB 48h

图 6-41　不同排血效果下冰藏下大泷六线鱼僵直状态对比

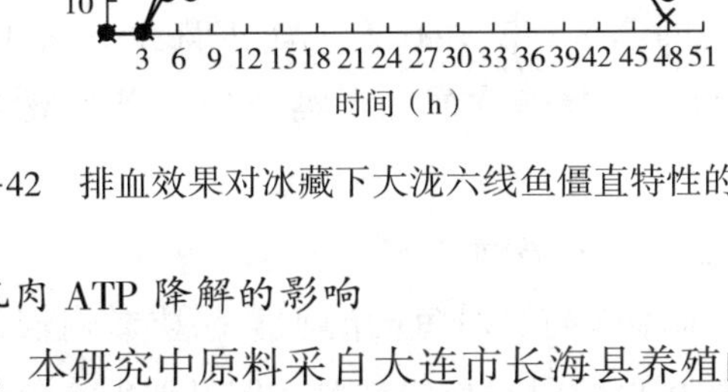

图 6-42　排血效果对冰藏下大泷六线鱼僵直特性的影响

2. 排血效果对肌肉 ATP 降解的影响

如图 6-43 所示，本研究中原料采自大连市长海县养殖的大泷六线鱼，运抵试验室后随机选取 3 条进行采样，记为原料初始点，测得其体内 ATP 的含量为 1. 72μmol/g，其余进行人工海水暂养 1h，暂养后体内 ATP 含量有明显恢复，体内 ATP 的含量可达 4. 32μmol/g，与 Fantini[15] 对苏鲁宾鲶鱼静息时间恢复体内平衡的研究一致，大泷六线鱼经过运输后暂养可恢复体内平衡。排血增强与否对死后 ATP 的降解速率有显著影响（$P<0.05$）。增强锁鲜 WB 组处置后，冷鲜大泷六线鱼在贮藏 12h 时体内 ATP 含量明显下降，WB 组 ATP 含量明显高于 PB 组，分别为 1. 20μmol/g 和 0. 58μmol/g，NB 组在贮藏 12h 时 ATP 含量为 0. 15μmol/g。随着贮藏时间的延长，IMP 的含量呈先下降后上升再下降的趋势，并均在 24h 达到最大 IMP，并且在整个贮藏期间未检测到 HxR。

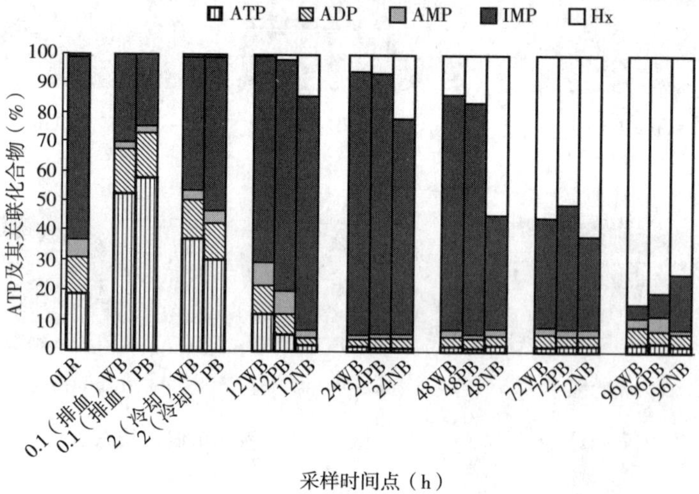

图 6-43　排血对冷藏大泷六线鱼肌肉 ATP 分解代谢的影响

3. 排血效果对肌肉糖原降解的影响

如图 6-44 所示，排血增强与否对肌肉糖原含量变化影响不大。常规锁鲜 PB 组与增强锁鲜 WB 组在 5d 冷藏过程中肌肉糖原含量没有明显的差异（$P>0.05$）。糖原也是体内的能量物质，在人工海水暂养 1h 后肌肉糖原含量明显恢复。随着贮藏时间的延长，糖原含量在逐渐减少，在贮藏 48h 趋于稳定并达到最低值。

4. 排血效果对感官品质的影响

如图 6-45 所示，血增强与否对鱼肉的感官品质影响较大，增强锁鲜具有更好的感官特性。不同的排血效果对鱼肉颜色有明显差别，鱼肉颜色直接影响消费

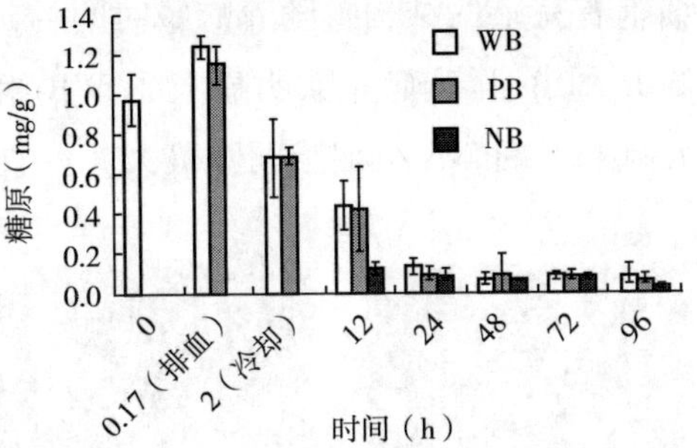

图 6-44　排血效果对冷藏大泷六线鱼肌肉糖原含量的影响

者的消费习惯。通过对不同排血效果下的大泷六线鱼腹腔进行拍照，结果显示随着贮藏时间的延长，鱼肉白度值逐渐下降，在贮藏 24h 后，WB 组白度明显高于 PB 组，NB 组腹腔肌肉内有明显的血液残留，在整个冷藏期间增强排血 WB 组的白度有更好的优越性。

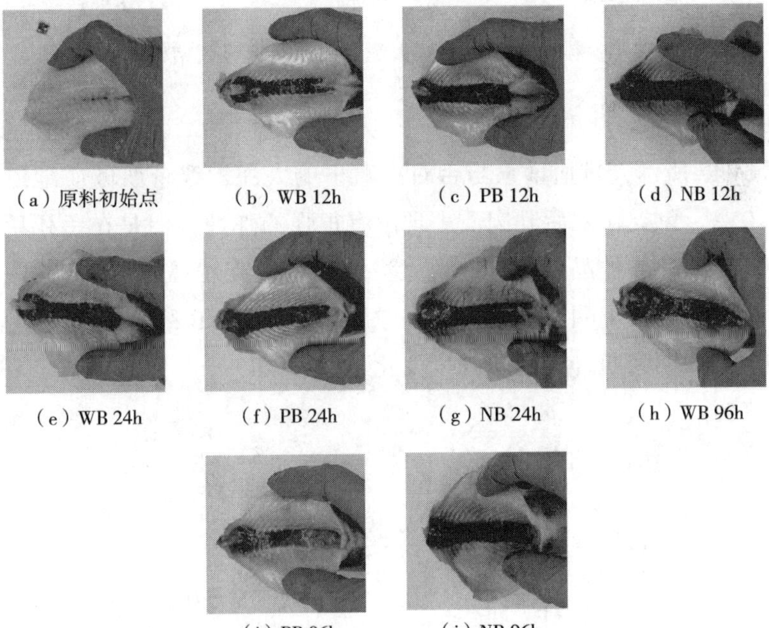

（a）原料初始点　（b）WB 12h　（c）PB 12h　（d）NB 12h

（e）WB 24h　（f）PB 24h　（g）NB 24h　（h）WB 96h

（i）PB 96h　（j）NB 96h

图 6-45　排血效果对冷藏大泷六线鱼白度的影响

5. 排血效果对肌肉结构的影响

如图 6-46 所示，排血增强与否对肌肉结构影响显著。在冷藏过程中连接肌细胞的结缔组织物理强度逐渐下降，导致细胞间隙逐渐增大。在原料初始点，鱼肉肌肉内细胞紧凑，细胞有完整的结构，随着贮藏时间的延长，鱼肉肌肉细胞间隙逐渐增大。在死后24h，PB组细胞间隙明显大于WB组，NB细胞间隙略大。随着贮藏时间延长，贮藏96h时NB组细胞间隙最大。

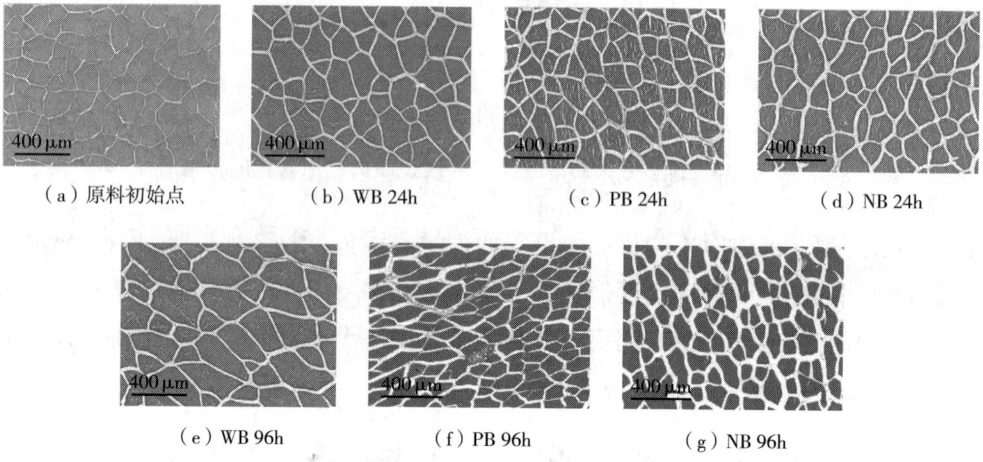

图6-46 排血效果对冷藏大泷六线鱼肌肉显微结构的影响

6. 排血效果对肌肉质地的影响

如图6-47所示，排血增强与否对冷藏下的大泷六线鱼肌肉质地没有明显影响（$P>0.05$）。鱼类在死后其肉质表现出有很强的弹性，但是在鱼死后贮藏阶段其肌肉会发生软化导致品质下降。对大泷六线鱼研究发现，在4℃贮藏下，肌肉断裂强度在12h后发生明显的下降；在贮藏48h下，WB组断裂强度明显高于PB组，在整个贮藏期间肌纤维断裂强度变化不明显。

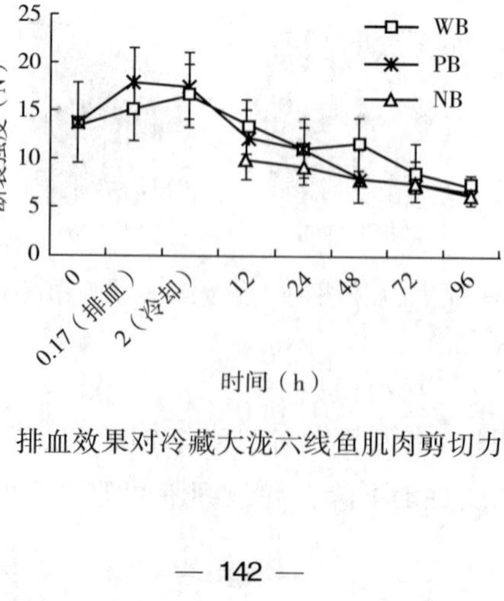

图6-47 排血效果对冷藏大泷六线鱼肌肉剪切力的影响

二、死后冷却处置与锁鲜

为探索冷却强度对许氏平鲉品质易逝期的锁鲜增强效应，使其拥有较低的初始温度，自身提供冷源，建立绿色低成本的冷却方式。本实验分为常规冷却和增强冷却，增强冷却对许氏平鲉肌肉生化降解代谢有明显抑制作用，可以延缓 ATP 及其关联物的降解速率，延缓 pH 及盐溶性蛋白的变化；增强冷却能有效保持许氏平鲉肌肉盐溶性蛋白的稳定性；常规冷却可以较好的维持许氏平鲉肌肉的结构和质地，在短时间内对肌肉显微结构影响较小，但增强冷却具有较好的贮藏稳定性。试验分为增强冷却组（treatment group，T）和常规冷却组（control group，C）。各组处理方法如表 6-8 所示。

表 6-8 实验分组及处理过程说明

组别	致死方式	排血方式	处理方式	贮藏方式
T	破坏脊髓致死	常温海水排血10min，去鳃及内脏，清洗	放置在冰盐水冷却鱼体中心温度至-2℃，盐水浓度：4.8%（质量分数），冰：盐水=1：4	塑料袋密封包装，贮藏在0℃冰箱中
C			放置在冰水冷却至0℃，冰：水=1：4	

注 T为增强冷却组；C为常规冷却组。

1. 许氏平鲉冰点测定

使用差示热量扫描仪测定许氏平鲉的冰点，根据分析得到冰点为-1.2℃，如图 6-48。冰点对食品的理化性质有着重要的影响，包括食品的冻结和融化时间、水分活度、水分分布、水的冻结量等。食品是多组分系统，含有可溶性物质，包括蛋白质、脂肪、糖、无机盐离子及有机酸等，从而使其冰点低于纯水的冰点，大多数食品冰点在-3.9~0℃。鱼类的冰点因种类的不同而有所差异，一般淡水鱼的冰点低于海水鱼的冰点，尤其是低于底栖性海水鱼的冰点。黄尾鱼和鲑鱼的冰点分别在-1.3℃和-2.5℃[16]。从图 6-48 中可以看出，新鲜许氏平鲉肌肉冰点为-1.2℃，因此本实验中选择了-2℃和0℃分别作为增强冷却组和常规冷却组温度而进行比较研究。

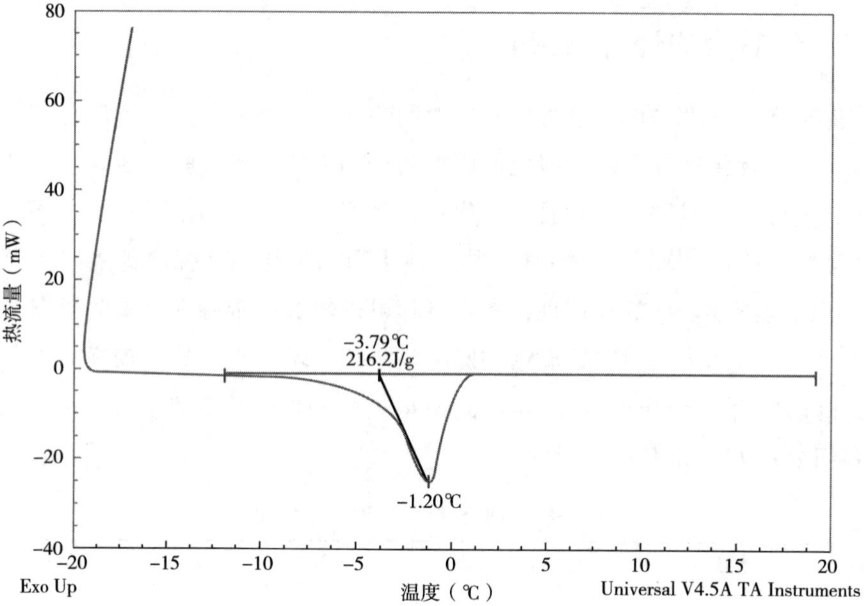

图 6-48　许氏平鲉冰点

2. 冷藏期间鲜品肌肉持水性的变化

肌肉压出水分率用来表示肌肉的持水性。两组在冷藏期间压出水分率的变化情况如图 6-49 所示。T 组在整个冷藏期间压出水分率基本保持不变，C 组在 0~6h 压出水分率快速上升，从 25. 71%上升到 31. 30%；6~72h 保持不变；72~168h 快速上升，从 31. 45%上升到 37. 44。在整个冷藏期间，T 组的压出水分率均高于 C 组。两组在 168h 压出水分率基本相同。

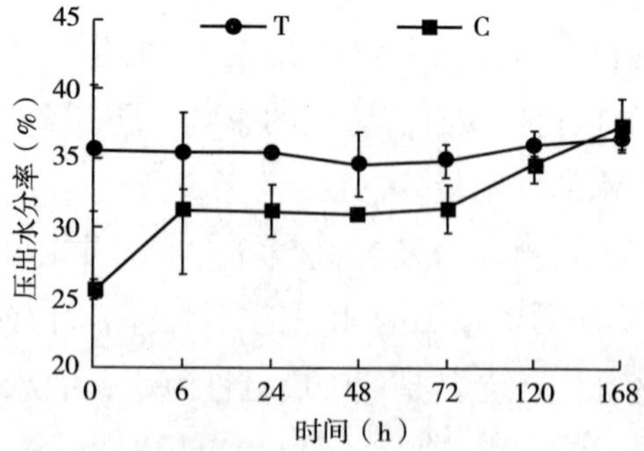

图 6-49　贮藏过程中许氏平鲉肌肉压出水分的变化

3. 冷藏期间鲜品肌肉质地的变化

如图 6-50 所示，在冷藏过程中硬度在 0~6h 呈上升趋势，C 组和 T 组在 6h 分别为 86. 38N 和 72. 1N，然后呈下降趋势；C 组和 T 组的硬度在 168h 分别为 40. 80N 和 37. 63N；C 组硬度在整个冷藏期间均大于 T 组。弹性在冷藏过程中 0~6h 呈上升趋势，C 组和 T 组在 6h 的弹性分别为 2. 00mm 和 1. 80mm，然后呈下降趋势，C 组和 T 组的弹性在 168h 分别为 1. 29mm 和 1. 30mm；C 组在整个冷藏期间弹性均大于 T 组。在冷藏过程中，胶黏性在 0~6h 呈上升趋势，C 组和 T 组的胶黏性在 6h 分别为 17. 40N 和 15. 83N，然后呈下降趋势，C 组和 T 组的胶黏性在 168h 分别为 6. 05N 和 5. 58N。C 组在整个冷藏期间胶黏性均大于 T 组；在冷藏过程中咀嚼性在 0~6h 呈上升趋势，C 组和 T 组的胶黏性在 6h 分别为 34. 81mJ 和 28. 77mJ，然后呈下降趋势，C 组和 T 组的胶黏性在 168h 分别为 8. 08mJ 和 6. 94mJ。C 组在整个冷藏期间咀嚼性均大于 T 组。综述所述，C 组的质构特性均优于 T 组。

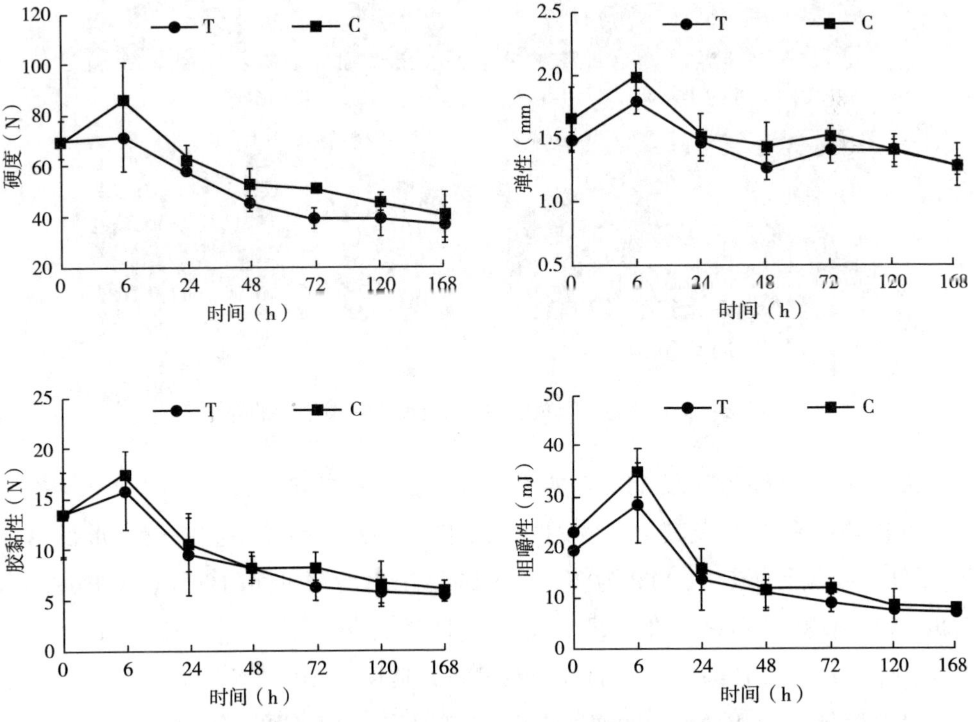

图 6-50　贮藏过程许氏平鲉肌肉质地的变化

4. 冷藏期间鲜品肌肉细胞显微结构的变化

在冷藏过程中肌肉细胞显微结构如图 6-51 所示。C 组在死后 0h 肌肉细胞形态正常，均匀分布，细胞间隙较小；而 T 组在死后 0h 细胞间隙较大，分布不均匀。随着冷藏期的延长，C 组的鱼肉细胞结缔组织破坏严重，间隙变大，而 T 组细胞间隙没有明显的变化。

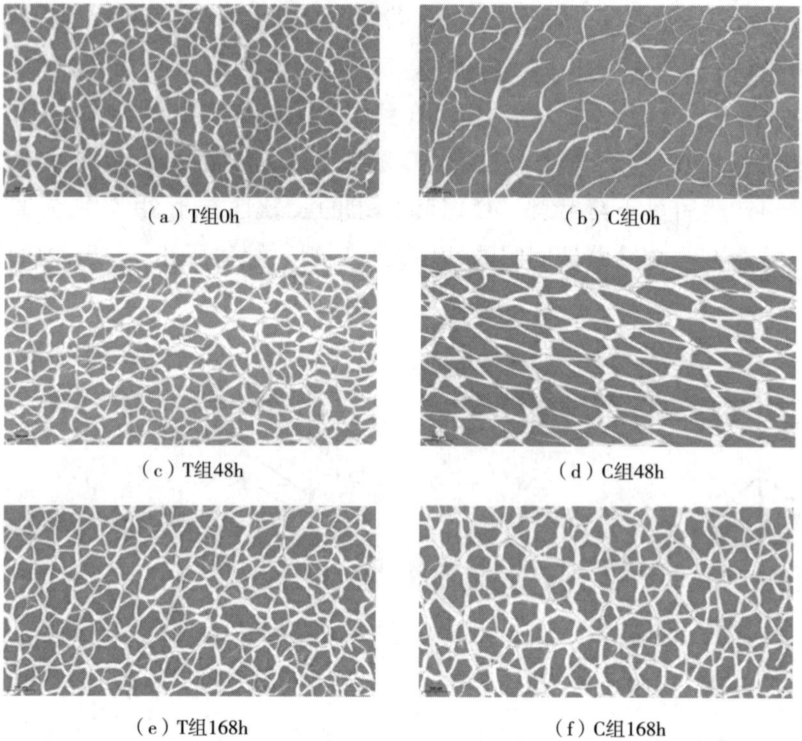

（a）T组0h （b）C组0h

（c）T组48h （d）C组48h

（e）T组168h （f）C组168h

图 6-51 贮藏过程许氏平鲉肌肉细胞显微结构的变化

5. 冷藏期间鲜品肌肉 ATP 及其关联物及 *K* 值的变化

在冷藏期间 ATP 及其关联物的变化如图 6-52 所示。T 组在死后 0h 的 ATP 为 1.41μmol/g，而 C 组 ATP 为 2.53μmol/g。随着冷藏时间的延长，ATP 逐渐分解成 IMP 并积累起来。在贮藏 24h 时，IMP 含量最高，T 组和 C 组分别为 10.48μmol/g 和 8.10μmol/g。随着冷藏时间的延长，IMP 逐渐降解为 HxR 和 Hx，T 组 IMP 降解为 HxR 和 Hx 的速率更慢。在冷藏期间 *K* 值的变化如图 6-53 所示。T 组和 C 组在死后 0h，*K* 值分别为 6.89% 和 4.57%，在冷藏期 *K* 值逐渐变大。

T 组和 C 组在贮藏 24h 的 *K* 值分别为 13. 39%和 28. 05%。T 组和 C 组在冷藏 168h 的 *K* 值分别为 61. 23%和 69. 10%。

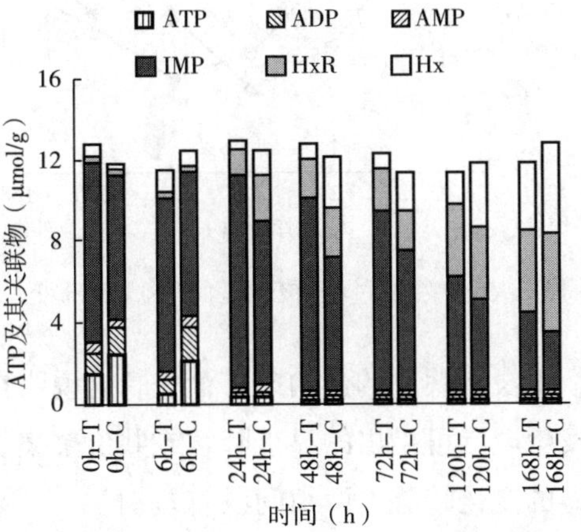

图 6-52　贮藏过程许氏平鲉肌肉 ATP 及其关联物的变化

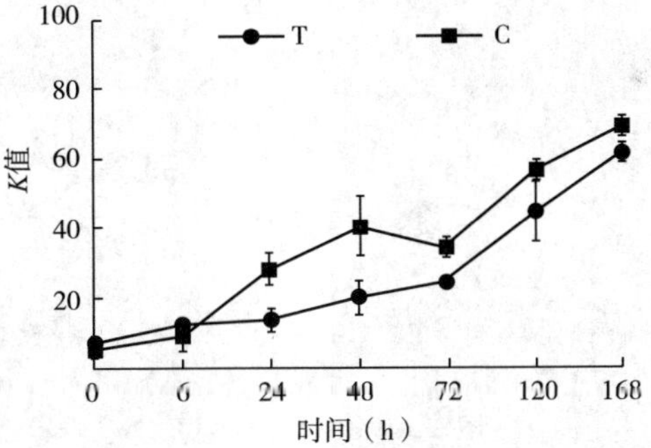

图 6-53　贮藏过程 *K* 值的变化

6. 冷藏期间鲜品肌肉糖酵解的变化

在冷藏过程 pH 的变化如图 6-54 所示。T 组和 C 组在死后 0h 的 pH 分别为 6. 81 和 6. 82。在冷藏期间，pH 呈下降趋势，C 组在 48h 时的 pH 达到最低 6. 41，T 组在 72h 时的 pH 达到最低值 6. 44。T 组和 C 组在 168h 时的 pH 分别为 6. 68 和 6. 69。

7. 冷藏期间鲜品肌肉全蛋白电泳图谱的变化

电泳图谱如图 6-55 所示。许氏平鲉肌肉中蛋白种类较多，但以肌球蛋白和肌动蛋白为主。在两组的全蛋白的电泳图中，蛋白条带的分布模式基本相似，没有明

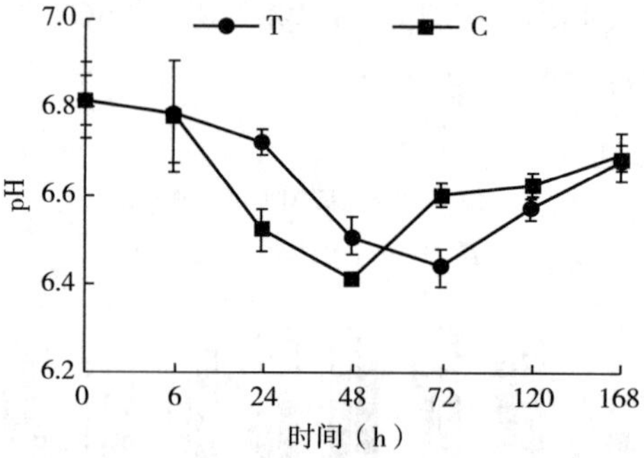

图 6-54　贮藏过程许氏平鲉肌肉 pH 的变化

显的新蛋白条带产生，也没有明显的蛋白条带消失。这说明在贮藏过程中，许氏平鲉肌肉中全蛋白没有发生电泳可检出的显著降解或共价聚集。在整个贮藏期间，全蛋白电泳图谱没有明显的变化趋势，两组间没有差别。

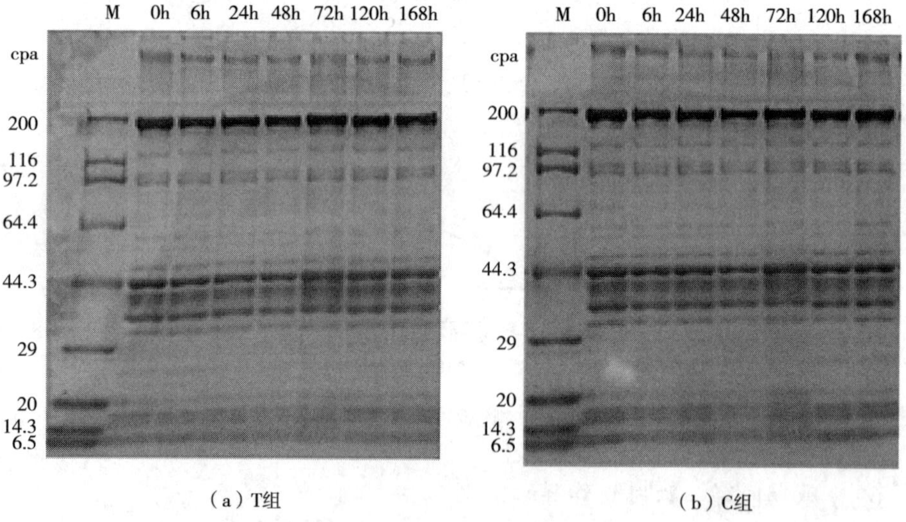

图 6-55　贮藏过程许氏平鲉肌肉中全蛋白的十二烷基硫酸钠-聚丙烯凝胶电泳图谱

8. 冷藏期间鲜品肌肉盐溶性蛋白含量的变化

盐溶性蛋白含量的变化如图 6-56 所示。T 组和 C 组在死后 0h 的盐溶性蛋白含量分别为 167. 06mg/g 和 164. 33mg/g。随着冷藏期的延长，盐溶性蛋白含量逐渐下降，分别下降到 89. 90mg/g 和 63. 67mg/g，贮藏期间 T 组均高于 C 组。

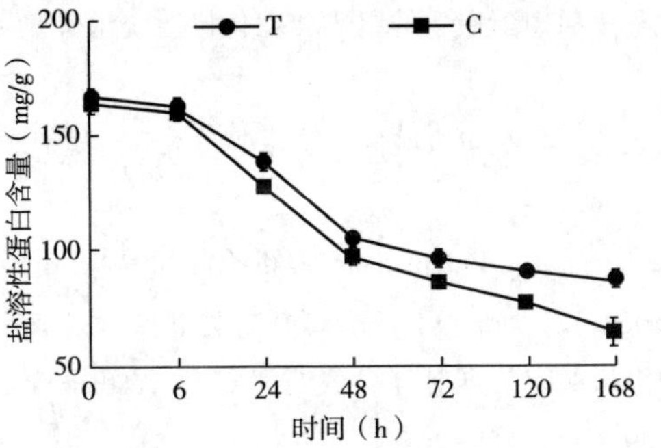

图 6-56　贮藏过程许氏平鲉肌肉盐溶性蛋白含量的变化

参考文献

[1] Singh A, Benjakul S. Proteolysis and Its Control Using Protease Inhibitors in Fish and Fish Products: A Review [J]. Comprehensive Reviews in Food Science and Food Safety, 2018, 17 (2): 496-509.

[2] Espe M, Ruohonen K, Bjørnevik M, et al. Interactions between ice storage time, collagen composition, gaping and textural properties in farmed salmon muscle harvested at different times of the year [J]. Aquaculture, 2004, 240 (1-4): 489-504.

[3] Liu D, Liang L, Xia W, et al. Biochemical and physical changes of grass carp (Ctenopharyngodon idella) fillets stored at -3 and 0°C [J]. Food Chemistry, 2013, 140 (1-2): 105-114.

[4] 马妍，谢晶，周然，等．冷藏温度对河豚鱼微生物及品质特性的影响［J］．食品科学，2012，33（6）：288-292.

[5] Quitral V, Donoso M L, Ortiz J, et al. Chemical changes during the chilled storage of Chilean jack mackerel (*Trachurus murphyi*): Effect of a plant-extract icing system [J]. LWT -Food Science and Technology, 2009, 42 (8): 1450-1454.

[6] 冷寒冰．红鳍东方鲀死后僵直及生化变化特性［J］．水产学报，2020. 44（1）：156-165.

[7] Chow C, Ochiai Y, Watabe S, et al. Effect of Freezing and Thawing on the Discoloration of Tuna Meat [J]. Nippon Suisan Gakkaishi, 1988, 54 (4): 639-648.

[8] 李新，汪兰，丁安子，等．液氮/液氨速冻鮰鱼片理化性质与组织结构变化［J］．肉类研究，2020，34（10）：64-69.

[9] Tian Y, Wang W, Yuan C, et al. Nutritional and digestive properties of protein isolates extracted from the muscle of the common carp using pH-shift processing [J]. Journal of Food Processing and Preservation, 2016, 41 (1): 1-9.

[10] 李强．草鱼冷藏过程中肌肉蛋白质的组成和理化特性变化研究［D］. 长沙：长沙理工大学，2013.

[11] 汪经邦，谢晶，刘大勇．暗纹东方鲀低温贮藏期间水分、质地和蛋白质的变化规律［J］. 食品科学，2020，41（21）：213-221.

[12] Dembele S. Effect of Green Tea Polyphenols on the Quality of Carp（*Cyprinus Carpio* L.）and Catfish（*Clarias Gariepinus*）during Storage［D］. 青岛：中国海洋大学，2009.

[13] 赵亚，石启龙，曹淑敏．南美自对虾贮藏期间 Ca^{2+}-ATPase 活力变化规律与机制［J］. 食品科学，2018，39（5）：258-264.

[14] 姜明慧，田元勇，闫丽新，等．冷藏过程中虾夷扇贝横纹肌微观结构变化与肌原纤维蛋白稳定性［J］. 食品科学，2020，41（21）：175-181.

[15] Letícia-Emiliani Fantini，Rodrigues Robson-Andrade，Honorato Claucia-Aparecida，et al. Resting time before slaughter restores homeostasis，increases rigor mortis time and fillet quality of surubim Pseudoplatystoma spp［J］. PLOS ONE，2020，15（5）：1-15.

[16] Fukuma Y，Yamane A，Itoh T，et al. Application of supercooling to long-termstorage of fish meat［J］. Food science and technology，2012（78）：451-461.